ORTE ERINNERN

Spuren des NS-Terrors in Berlin

Ein Wegweiser

Johannes Heesch
Ulrike Braun

Orte erinnern

Spuren des NS-Terrors in Berlin

Ein Wegweiser

herausgegeben von
Günter Braun

nicolai

Inhalt

Vorwort

Als Reichshauptstadt war Berlin im »Dritten Reich« nicht nur Sitz der Reichsregierung und nahezu aller Spitzen des Staates, der Verwaltung, der Justiz und der Wehrmacht, sondern auch der Führung von Partei, SS, SD und Gestapo und damit aller Stellen, welche die Verbrechen des Nationalsozialismus geplant, organisiert und schließlich durchgeführt haben. Berlin war aber gleichzeitig auch eines der großen Zentren des Widerstands. Es gibt viele bewegende Beispiele der Auflehnung gegen Willkür und Terror unter Einsatz des eigenen Lebens.

Diese doppelte Rolle der Stadt im »Dritten Reich« spiegelt sich darin wider, dass es in Berlin eine große Zahl von Orten der Erinnerung gibt – Erinnerung an die Opfer des Unrechtsstaates wie auch an diejenigen, die sich als Täter oder auch als Institutionen im Namen dieses Staates schuldig gemacht haben. Diese Orte der Erinnerung sind über das ganze Stadtgebiet verstreut; sie sind – sieht man von den großen Mahnmalen ab – oft nicht leicht auffindbar, zuweilen auch schwer zugänglich. Vor allem wird ihr Besuch im Grunde erst dann für den Einzelnen ergiebig und sinnvoll, wenn damit Informationen über die Ereignisse vor Ort verbunden sind, über die Verbrechen, die hier begangen wurden, und über das Elend und die Leiden, die hier Menschen auferlegt wurden. Dann sind Besuche bei den Orten der Erinnerung durch die unmittelbare Anknüpfung an persönliche Schicksale und authentische Ereignisse besonders eindrucksvoll.

Darin wirken die Orte der Erinnerung anders als die großen Mahnmale, nicht zuletzt das gegenwärtig nahe dem Brandenburger Tor entstehende Denkmal für die ermordeten Juden Europas. Diese Mahnmale sind wichtig, weil in ihnen zum Ausdruck kommt, dass sich Staat und Gesellschaft klar und vorbehaltlos zu ihrer unmittelbaren Vergangenheit und zu ihrer weiter zurückliegenden Geschichte bekennen. Aber die Mahnmale dieser Art können nicht die Begegnung mit den unmittelbaren Orten der Erinnerung ersetzen, auch nicht die Betroffenheit, die gerade sie bei dem Besucher hinterlassen, weil er hier am ehesten eine Beziehung zu Einzelschicksalen von Opfern des Nationalsozialismus und ihrer ganzen Tragik herstellen kann.

Um diese Betroffenheit geht es. Wer sich mit den Verhältnissen im »Dritten Reich« vertraut gemacht hat, der lebt irgendwie anders, vermutlich wacher, verantwortungsbewusster, vielleicht auch mit größerer Sensibilität gegenüber sich abzeichnenden Fehlentwicklungen, damit verbundenen Gefahren und der Pflicht, als Bürger rechtzeitig zu reagieren.

Denn dies ist ja eine der erschreckenden Lehren des »Dritten Reiches«: mit welcher ungeheuren Geschwindigkeit, innerhalb von zwei, drei, vier Monaten, alle Sicherungen eines demokratischen Rechtsstaates außer Kraft gesetzt werden konnten und das ganze Land fast von heute auf morgen mit einem dichten Netz von Kontrolle, Gewalt, Einschüchterung und Terror überzogen war. Peter Steinbach hat in seiner Einführung zu diesem Buch diese verhängnisvolle Entwicklung besonders eindringlich beschrieben. Eine der Voraussetzungen dieser Entwicklung war sicher, dass sie von einer Mehrheit der Bevölkerung nicht erkannt, dass sie hingenommen, von vielen sogar gebilligt wurde, auf jeden Fall, dass ihr kein irgendwie ins Gewicht fallender Widerstand entgegengesetzt worden ist. Die Frage drängt sich auf, was geschehen wäre, wenn eine Mehrheit der Bevölkerung sich weniger passiv verhalten hätte, ob dann unser Land vor der Katastrophe von Diktatur und Krieg hätte bewahrt werden können.

Das gilt vor allem auch für die Zerstörung des jüdischen Lebens. Für uns heute ist wichtig, zu wissen, wie die Verfolgung der Juden und das heißt ganz konkret jüdischer Nachbarn, jüdischer Bekannter und jüdischer Freunde ursprünglich begonnen hat: schrittweise durch Ausgrenzung, Isolierung, Boykott, Einschränkung der persönlichen Freiheiten, Verdrängung aus dem Berufs- und Wirtschaftsleben und Wegnahme der Vermögen. Vor aller Augen. Das waren die anfangs hier und dort mit Zivilcourage noch abwendbaren Vorstufen zu der dann folgenden Ungeheuerlichkeit von Deportation und Völkermord. Das Schicksal der Juden im »Dritten Reich«, das jedem Einzelnen auferlegte Schicksal übertrifft jede Vorstellungskraft. Wer kann ihn heute schon noch nachvollziehen, den spätestens ab dem Jahr 1941 für Juden zur fürchterlichen Normalität gewordenen Weg mit den immer gleichen Stationen: Abholung zu Hause, Gettoisierung in »Judenhäusern«, Abtransport zu den Verladegleisen, Zusammenpferchen in Güterwagen und schließlich die oft tagelange Fahrt zu Selektion und Mord in einem der Konzentrationslager. Der Gedanke daran lastet auch heute noch auf einem wie ein schwerer Albtraum.

Trotzdem, wir dürfen es uns nicht zu leicht machen. Schon nach kürzester Zeit war Widerstand im »Dritten Reich« mit großen persönlichen Gefahren verbunden und erforderte Überzeugungskraft und Mut, äußerstenfalls die Bereitschaft, das eigene Leben zu opfern und die eigenen Familienangehörigen zu gefährden. Das sind in einem normalen Leben, wie wir alle es heute führen, schlechterdings nicht vorstellbar schwere Bedingungen jeden Widerstands.

Dennoch haben viele dieses extreme Risiko auf sich genommen, als Gruppe oder auch als Einzelne ganz allein auf sich gestellt. Das Buch enthält viele Beispiele dafür, dass der Widerstand gegen den Nationalsozialismus vielfältiger und breiter war als lange Zeit von der Öffentlichkeit angenommen. Immer wieder war das Motiv des Widerstands, dass die menschenverachtende Politik des »Dritten Reiches« gegen wen und auf welchem Gebiet auch immer mit dem eigenen Gewissen für nicht vereinbar gehalten wurde. Die innerlich Starken haben sich in diesem inneren Konflikt für ihr Gewissen entschieden und haben dies in einer erschreckend großen Zahl mit Folter, Gefängnis und Tod gebüßt. Diese Stärke haben Menschen aus allen gesellschaftlichen und sozialen Schichten, Alte wie Junge bewiesen, und nicht zuletzt diejenigen, die sich aus reiner Mitmenschlichkeit vor politisch und rassisch Verfolgte stellten, ihnen Unterschlupf gewährten, sie versteckten und so gerade auch in Berlin versuchten, ihnen im Untergrund das Überleben zu ermöglichen, oft auch hier unter Einsatz des eigenen Lebens, und dann oft auch noch vergeblich.

Solche Gedanken und vieles andere mehr bewegen einen, wenn man die Orte der Erinnerung in Berlin besucht. Die in dieses Buch aufgenommenen Stätten sind eine ganz persönliche Auswahl aus der großen Zahl solcher Orte in Berlin. Sie sind besonders geeignet, zur Beschäftigung mit dem »Dritten Reich« anzuregen und die Scheu zu überwinden, sich von diesem Abschnitt unserer Geschichte auch stark belasten zu lassen. Das sind wir den Opfern schuldig. Zugleich dient es aber auch der eigenen Standortbestimmung, die auch heute noch, sechzig Jahre danach, gar nicht denkbar ist ohne die Einbeziehung des »Dritten Reiches« mit allem, was an Unsäglichem damit verbunden war. Dieses Buch erfüllt seinen Zweck, wenn es möglichst vielen, nicht zuletzt auch jungen Menschen den Zugang zu den Orten der Erinnerung in Berlin erleichtert und damit die Auseinandersetzung mit dem »Dritten Reich« fördert.

Günter Braun

Peter Steinbach

Die Enthausung des Menschen

Erinnerungen an den Zivilisationsbruch in den Jahren 1933 bis 1945 im Spiegel der Berliner Denkmäler und Gedenkstätten

Ließen sich die Folgen der nationalsozialistischen Machtergreifung vorausahnen? »Wir hatten nicht die Phantasie dafür«, erklärt der frühere sozialdemokratische Reichstagsabgeordnete und spätere bayerische Ministerpräsident Wilhelm Hoegner in seinen Erinnerungen. Andere, wie der Berliner Publizist Theodor Wolff, warnten zwar vor der »Legalisierung der Rache« durch die Nationalsozialisten. Doch dass die Ernennung Adolf Hitlers durch Reichspräsident Paul von Hindenburg am 30. Januar 1933 nicht weniger bedeutete als die politische »Machtergreifung« einer neuen Partei, die nach der Herrschaft strebte, um ihren weltanschaulichen Führungsanspruch durchzusetzen, schien für viele kaum vorstellbar. Zu sehr waren Menschen wie Hoegner mit der Vorstellung von einem Rechtsstaat verbunden, der das Recht zum Schutz der Schwachen einsetzt. Insofern war die Machtübernahme der Nationalsozialisten mehr als das Scheitern der ersten deutschen Demokratie. Sie bedeutete einen Riss in der politischen und moralischen Zivilität Deutschlands und markiert eine tiefe Zäsur in der Geschichte.

Erinnerung an den Zivilisationsbruch

Der Historiker Friedrich Meinecke sprach vom Beginn der »deutschen Katastrophe«, der Publizist Heinz Abusch vom »Irrweg einer Nation«. Innerhalb weniger Wochen waren der Verfassungsstaat zerstört, die Grundrechte außer Kraft gesetzt, die Gewaltenteilung aufgehoben, die Parteien und Verbände aufgelöst und das Kulturleben gleichgeschaltet. Später sprach man vom »Reich der niederen Dämonen«, die die Herrschaft angetreten hätten. Es waren aber keine Dämonen, die herrschten, sondern Menschen, die durch Wahlen in Machtpositionen gekommen waren, die sie nutzen wollten, um eine Diktatur zu errichten – eine Diktatur, die sich erschreckend rasch konsolidierte und die bei ihrem Zusammenbruch in ganz Europa den Tod von weit mehr als 35 Millionen Menschen zu verantworten hatte.

Als Nachlebende haben wir die Möglichkeit, nicht alle Erfahrungen der Vorfahren noch einmal machen zu müssen. Das setzt allerdings voraus, dass wir uns mit der Vergangenheit beschäftigen. Vergangene Erfahrungen muss man sich erschließen, sich erarbeiten. Sie fallen uns Nachlebenden nicht in den Schoß, sondern können nur das Ergebnis eigener Bemühung sein, die eine Konfrontation mit der Geschichte erfordert. Dafür errichten die Menschen an historischen Orten Denkmäler oder Gedenkstätten. Sie wollen sich erinnern an das, was sie überwunden haben. Denkmäler sollen helfen, die Erfahrungen der Vergangenheit zu bewältigen, Geschichte zu ertragen.

Das meint nicht, die Vergangenheit abzuhaken, sie zu »entsorgen« oder durch ein ritualisiertes Gedenken mit Ansprachen und dem Niederlegen von Kränzen erträglich zu machen. Gedenken verlangt die Fähigkeit, sich in vergangene Zeiten zurückzuversetzen und das Ausmaß der Belastungen nachzuvollziehen, die Verfolgung, Ausgrenzung, Diffamierung und Deportation für die Mitmenschen mit sich brachten. Das wird erleichtert an »historischen Orten«, die Nähe zu vergangenen Ereignissen bedeuten und insofern eine Betroffenheit hervorrufen können, die davon absieht, vergangene Entwicklungen auf das eigene Schicksal zu beziehen. Denn es darf nicht darauf ankommen, sich zu fragen, was Verfolgung für einen selbst bedeutet hätte, sondern was es für jene bedeutet hat, die ihr schutzlos ausgesetzt waren.

Solange Menschen sich an Ereignisse erinnern, lebt die Geschichte unmittelbar im Bewusstsein fort. Wir erkennen, dass wir Begebenheiten nicht verdrängen oder in der Weise bewältigen können, dass wir sie für erledigt erklären. In der Geschichte werden die Möglichkeiten des Menschen sichtbar, im Guten wie im Schlechten. Deshalb bekannte Dietrich Bonhoeffer, einer der bedeutendsten Kämpfer gegen den Nationalsozialismus, 1943:

»Nichts von dem, was wir im anderen verachten, ist uns selbst ganz fremd.«

Stufen der Machtergreifung

Als die Nationalsozialisten an die Macht kamen, wurden die Deutschen Opfer ihrer eigenen Furcht vor der Zukunft. Sie hatten 1918 den Ersten Weltkrieg verloren und als Besiegte große finanzielle Lasten zu tragen, weil die Siegermächte Deutschland im Versailler Vertrag als Kriegsschuldigen zur Zahlung von Reparationen verpflichtet hatten. 1923 wurde die deutsche Währung nach einer rasanten Hyperinflation zwar wieder auf eine solide Basis gestellt, aber zugleich wurden auch viele Sparvermögen entwertet. Immer wieder brach seitdem in der deutschen Gesellschaft die Angst vor der Zukunft auf und machte die Mehrheit der Deutschen im Zuge der Weltwirtschaftskrise für extreme Wahlversprechungen auf der Linken und auf der Rechten anfällig. Jeder misstraute dem Andersdenkenden, und wer sich politisch beteiligte, dachte an seine eigenen Interessen, weniger an das Gemeinwohl.

Die politischen Eliten flüchteten aus ihrer Verantwortung, die Nationalsozialisten errangen erdrutschartige Wahlerfolge, und schließlich ging aus einem wahrhaften Wahlkampfinferno Hitlers Partei als bestimmende Kraft hervor. Aber noch war die NSDAP nicht in der Lage, allein zu regieren. Sie brauchte konservative Koalitionspartner, um ihr erstes wichtiges Ziel zu erreichen: die Entmachtung des Reichstags und die Übertragung der Gesetzgebungskompetenz auf die Regierung. Seit dem Ermächtigungsgesetz vom 23. März 1933 galt: »Der Führer setzt das Recht!«

Es ging den Nationalsozialisten um mehr als um einen Verfassungsbruch. Sie wollten das Weimarer System dauerhaft zerstören, die Herrschaft der angeblichen »Novemberverbrecher« des Jahres 1918 stürzen und die deutschen Juden vertreiben. Dazu bedienten sie sich einiger Notverordnungen, mit denen sie ihre Macht zementierten. So übertrugen sie bereits im Februar 1933 in Preußen die Polizeigewalt auf die SA, ihre »Sturmabteilung«, mit der sie gewaltsame innere Auseinandersetzungen fast zum Bürgerkrieg steigerten. »Wilde Konzentrationslager« entstanden, Folterkeller, in denen die SA politische Gegner misshandelte. Als am 27. Februar 1933 der Reichstag unter bis heute nicht geklärten Umständen in Flammen aufging, setzte eine umfassende Verhaftungsaktion gegen die Kommunisten ein, die ab sofort nicht mehr an den Reichstagssitzungen teilnehmen durften.

Schon einen Tag später, am 28. Februar 1933, wurde die Verfassungsordnung durch eine »Notverordnung zum Schutze von Volk und Staat« außer Kraft gesetzt, die bis zum Ende des »Dritten Reiches« Geltung behielt und somit als die eigentliche Verfassung der Diktatur anzusehen ist. Auf den Straßen wurde nun offen Terror gegen Andersdenkende ausgeübt. Menschen, die von den Nationalsozialisten zu »Feinden« erklärt worden waren, wurden drangsaliert und durch die Straßen geprügelt. Viele flüchteten ins Ausland, andere wurden inhaftiert. Dennoch gelang es den Nationalsozialisten nicht, bei den für den 5. März 1933 angesetzten Neuwahlen zum Deutschen Reichstag die Mehrheit zu gewinnen. Vor allem in Berlin, nicht nur Reichshauptstadt, sondern auch Zentrum des Widerstands, stießen sie immer wieder auf entschlossene Gegner.

Gleichwohl bauten die Nationalsozialisten zielstrebig ihre Macht aus. In den Ländern wurden nationalsozialistische Regierungen eingesetzt. Bereits im April 1933 rief die NSDAP zum Boykott jüdischer Geschäfte auf. Eine Woche später wurden politische Gegner in großer Zahl aus dem öffentlichen Dienst entfernt. Diese Willkür bezeichnete man als »Wiederherstellung des Beamtentums«. Man schuf ein Propagandaministerium, das Joseph Goebbels leitete. Er manipulierte die öffentliche Meinung und bezeichnete das als »Volksaufklärung«. Rasch leitete er die geistige und kulturelle Gleichschaltung ein.

Anfang Mai wurden die Gewerkschaften aufgelöst, wenige Wochen später auch die Parteien. Stets verstand sich die Führung der NSDAP als Exponent einer großen Anti-Bewegung, die in gleicher Weise den europäischen Frieden von Münster und Osnabrück von 1648 wie die bürgerliche Französische Revolution von 1789 überwinden wollte. Deshalb versprach sie eine Revision des Versailler Vertrages und fand auf diese Weise breite Unterstützung bis in die Kreise ihrer parteipolitischen Gegner hinein. Diese hielten dem öffentlich erzeugten Druck nicht stand und stimmten, nicht zuletzt infolge verhängnisvoller Fehleinschätzungen, Hitlers Ermächtigung zu.

Bereits Anfang Februar hatte Hitler vor der Reichswehrführung erklärt, er wolle auf längere Sicht mit kriegerischen Mitteln »Lebensraum« im Osten erobern und die europäische Staatenwelt, die mit dem Friedensvertrag von Versailles entstanden war, neu ordnen. Deutschland sollte zur Vormacht in Europa und schließlich zur Weltmacht werden. In der Außen- wie in der Innenpolitik propagierten die Nationalsozialisten das »Recht des Stärkeren« im »Kampf um das Dasein« und traten gegen die politischen Traditionen des Liberalismus an. Sie wollten den Marxismus (und das bedeutete für sie Gewerkschaftsbewegung und Sozialdemokratie, Kommunistische Partei und »Kulturbolschewismus«) ausrotten, aber auch das Bürgertum überwinden.

»Mensch ist nicht gleich Mensch«

Kern des politischen Programms der Nationalsozialisten war die Rassenpolitik, die von der Prämisse ausging: »Mensch ist nicht gleich Mensch«. Sehr früh kündigten sie deshalb die Ausmerzung angeblich »lebensunwerten Lebens« an. Bereits am 14. Juli 1933 hatten sie ein Gesetz erlassen, das die Sterilisation »rassisch Minderwertiger« zuließ: der erste Schritt auf einem Weg, der schließlich mit der Ermordung Geisteskranker und dem Völkermord an den europäischen Juden sowie an den Sinti und Roma endete.

Die Nationalsozialisten respektierten niemals vorbehaltlos das Lebensrecht des Individuums, also eines jeden, »der Menschenantlitz« trägt. Sie diffamierten alle, die sich zum Prinzip der Menschenwürde bekannten, und machten diejenigen verächtlich, die dem Staat die Aufgabe zuschrieben, das Individuum durch Gesetz und Recht zu bewahren und zu schützen. Stattdessen proklamierten sie den Grundsatz: »Recht ist nicht gleich Recht!« Sie zerstörten so alle Maßstäbe des menschlichen und politischen Zusammenlebens und der Mitmenschlichkeit.

Wer sich widersetzte, wurde ausgegrenzt. Zur Inszenierung wurde die Diffamierung der Andersdenkenden beim Aprilboykott und dann bei der Bücherverbrennung am 10. Mai 1933. Nach der Errichtung der Parteiherrschaft bereiteten die Nationalsozialisten systematisch den Umbau des Reiches vor. Grundlage waren die Zerstörung der föderalistischen Ordnung und die Verwandlung der Rechtsprechung in ein Instrument der Unterdrückung durch Entrechtung mit Sondergerichten und dem Volksgerichtshof. Die Geheime Staatspolizei wurde zur einer Behörde ausgebaut, die überdies jedes Urteil korrigieren und Häftlinge nach ihrer Entlassung aus den Strafanstalten in Konzentrationslager einweisen konnte, in denen politische Gegner weiterhin drangsaliert wurden und Menschen, die man als »Asoziale« bezeichnete, durch Arbeit vernichtet werden sollten.

Führt man sich die Radikalität der Ausgrenzung und Entrechtung vor Augen, wird verständlich, weshalb die Vergegenwärtigung der einzelnen Stufen des Schreckens nach der Befreiung der deutschen Gesellschaft von der nationalsozialistischen Herrschaft zu einer Grundlage der politischen Neubesinnung wurde. Vielleicht ist es zutreffend, dass sich Recht ebenso wie Gerechtigkeit nicht abstrakt definieren lässt. Aber was Unrecht bedeutet, erfahren die Menschen durch die Geschichte der nationalsozialistischen Herrschaft. Sie bleibt deshalb für lange Zeit der wichtige Bezugspunkt jeder politischen Neuorientierung und Ortsbestimmung.

Redefreiheit, Glaubensfreiheit, Minderheitenschutz und Respekt vor dem Andersdenkenden galten bei den meisten Regimegegnern als die wichtigste Grundlage einer neu zu schaffenden Welt, die nur als »der genaue Gegensatz zu der so genannten Neuordnung der Tyrannei« denkbar war. Vor allem die Verfolgung der deutschen Juden machte deutlich, wie wichtig es für die Menschen war, mit dem Ende des »Dritten Reiches« eine neue moralische Ordnung zu begründen. In ihr sollte das Gesetz herrschen und die Bevölkerung ohne Furcht vor neuen Weltherrschaftsplänen eine Form des Zusammenlebens erfahren können, in dem die Menschen »in einer freundschaftlichen und zivilisierten Gesellschaft zusammen wirken« konnten.

Bereits lange vor der Regierungsübernahme hatten die Nationalsozialisten angekündigt, die Juden aus der deutschen »Volksgemeinschaft« ausschließen zu wollen. In viele Gesetze nahmen sie Arierparagraphen auf, die Juden aus fast allen Berufen ausschlossen oder ihnen bestimmte Tätigkeiten untersagten. Schleichend setzte sich seitdem die Ausgrenzung deutscher Juden aus dem Wirtschaftsleben durch. Im September 1935 wurde durch die »Nürnberger Gesetze« die Eheschließung zwischen Nichtjuden und Juden verboten, jede Liebesbeziehung dieser Art unter Strafe gestellt. Jüdische Schüler wurden relegiert, Praxen mussten geschlossen, Wohnungen verlassen werden. Immer öfter vergriff sich der Staat an fremdem Eigentum und beschlagnahmte den Besitz der Menschen, die das Land verlassen wollten. Immer wieder fanden sich Zeitgenossen, die sich an jüdischem Eigentum bereichern wollten und die »Arisierung« jüdischer Geschäfte, Kaufhäuser und Betriebe forderten.

Im November 1938 fand ein Parteipogrom statt, dem zehntausende deutscher Juden zum Opfer fielen. Einhundert Juden wurden getötet, 30 000 in Konzentrationslager verschleppt, Läden und Wohnungen jüdischer Besitzer geplündert und zerstört, wie auch fast alle Synagogen. Dieser Exzess, den man später oftmals »Kristallnacht« nannte, war von der Parteiführung angestachelt worden als angeblicher Protest der Deutschen gegen einen Anschlag auf einen deutschen Diplomaten in Paris, der aus Empörung über die Abschiebung von Juden nach Polen verübt worden war. Die deutschen Juden wurden sogar gezwungen, den Schaden zu ersetzen, der bei den Übergriffen in Milliardenhöhe entstanden war.

Der Rassenkrieg

Mit dem Novemberpogrom verschärfte sich die seit 1933 konsequent verfolgte antijüdische Rassenpolitik. Zehntausende Juden flohen. Von denen, die in Deutschland blieben, wurden die meisten wenig später erfasst, sie mussten sich seit dem 1. September 1941 mit einem gelben Stern kennzeichnen, in »Judenhäuser« umziehen und wurden schließlich in Sammelstellen zusammengetrieben, von wo aus sie in die Gettos und Vernichtungslager des Ostens verschleppt wurden. Einige wenige konnten sich mit Hilfe von Menschen, die sich gegen die nationalsozialistische Rassenpolitik stellten, retten. Dennoch erreichten die Nationalsozialisten ihr Ziel: Das europäische Judentum wurde seit 1941 durch Einsatzgruppen und in Vernichtungslagern wie Treblinka, Maidanek, Sobibor, Belcec oder Auschwitz systematisch ermordet. Die Vernichtungslager hatten ausschließlich die Funktion, selektierte Menschen zu töten und deren Leichname zu vernichten.

Um ihr Ziel, die »Endlösung der Judenfrage«, zu erreichen, bedienten sich die Nationalsozialisten von Anfang an aller Möglichkeiten, die der von ihnen am 1. September 1939 entfachte Krieg bot, der als europäischer Krieg begann und 1941 zum Weltkrieg wurde. Hitlers Anweisung vom Oktober 1939, geisteskranke Kinder im Rahmen einer »Euthanasie-Aktion« zu ermorden, wurde auf den Tag des Kriegsbeginns zurückdatiert. Das zeigt, dass es sich auf deutscher Seite nicht um einen Präventivkrieg, sondern um einen Rassen- und Weltanschauungskrieg handelte. Sein Ziel war der Aufbau eines nationalsozialistischen Machtbereichs, der sich als »Ostimperium« bis weit nach Russland hinein erstrecken sollte. Die Osteuropäer, bezeichnet als Slawen und Untermenschen, sollten einer »arischen Herrenschicht« dienen. Sie wurden als Fremdarbeiter verpflichtet oder als Zwangsarbeiter verschleppt. Zudem fanden groß angelegte Bevölkerungsverschiebungen statt, die Menschen ihrer Heimat beraubten und anderen die verlassenen Höfe überließen.

Unbestritten ist, dass der Zweite Weltkrieg als deutscher Angriffskrieg auf Polen begann. Planungen, die polnische Elite zu dezimieren und das Ostjudentum auszurotten, existierten bereits in den ersten Kriegsjahren. Sie waren in Berlin konzipiert und auf der Wannsee-Konferenz am 20. Januar 1942 koordiniert worden. Die Zahl der Beteiligten, die diese Vernichtungspläne realisierten, war sehr groß. Deshalb ist es wichtig, den Blick nicht nur auf die Opfer, sondern immer wieder auch auf die Täter zu lenken, die ihre Verbrechen nicht selten vor aller Augen verübten.

Widerstand gegen Unrecht und Krieg

Seit 1933 hatte sich der Terror nicht nur gegen diejenigen gerichtet, die aus rassenideologischen, kulturellen und politischen Gründen ausgegrenzt wurden, sondern auch gegen Deutsche, die das Gebot der Stunde im Widerspruch und Widerstand, schließlich in der aktiven Verschwörung gegen die nationalsozialistischen Gewalthaber sahen. Sie nahmen Partei für die Diffamierten, Verfolgten und in die Emigration Gezwungenen und bekannten sich zu ihnen, indem sie im Alltag Zeichen des individuellen Mutes und des Anstands setzten: Sie verweigerten sich etwa dem Boykott jüdischer Geschäfte, hielten weiterhin Kontakt zu jüdischen Freunden, Schulkameraden oder Geschäftspartnern oder verzichteten in der Öffentlichkeit nicht auf den nachbarschaftlichen Gruß.

Als die Nationalsozialisten die Unterstützung der Menschen, die sie zu politischen Gegnern und zu Feinden des Staates erklärt hatten, unter Strafe stellten, gingen manche Regimegegner ein hohes Risiko ein, um Bedrängten zu helfen. Sie halfen Verfolgten ins Ausland zu fliehen, versteckten Bedrohte und versuchten schließlich sogar, da, wo sich ihnen die Möglichkeit bot, aus dem Zentrum der Macht heraus das Regime zu stürzen. Nicht selten mussten sie dazu nicht nur ihre Angst und sogar Feigheit besiegen, sondern auch Positionen aufgeben, die sie – etwa in außenpolitischen Fragen – mit den Nationalsozialisten geteilt hatten. Angesichts der Realität nationalsozialistischer Rassenpolitik ergriffen sie Partei für den diffamierten Mitmenschen und wählten damit den Weg, den ihr Gewissen ihnen gebot.

Regimegegner entscheiden sich aus vielen Gründen zum Widerspruch. Katholische Christen besannen sich auf das Naturrecht und zogen daraus die Konsequenz, die Würde des Menschen verteidigen und »Gott mehr als den Menschen gehorchen« zu wollen und zu müssen. Evangelische Christen lehnten es ab, in Hitler einen Befreier zu erblicken und in der Rassenideologie eine Quelle des Glaubens, wie es die Mitglieder der »Deutschen Christen« taten. Die Bezeichnung »Bekennende Kirche« ist Ausdruck der Absicht, durch ihren Widerspruch ein Bekenntnis abzulegen. Kommunisten, Sozialdemokraten und Gewerkschaftler beriefen sich auf politische, Intellektuelle auf geistige Traditionen. Die Vielfalt der Motive, die Menschen zum Schritt gegen das Regime und für die eigene Verantwortung drängte, macht einen großen Teil der Nachwirkung dieser Entscheidung aus, denn es wird deutlich, wie wichtig und richtig es sein kann, sich zu Traditionen und Maßstäben zu bekennen. Die Verpflichtung auf unverbrüchliche Werte und Normen der Menschlichkeit – sei es bei den Regimegegnern der »Roten Kapelle«, der Gruppe um Herbert Baum oder des bürgerlich-militärischen Widerstandes – lässt gerade in der Vielfalt, Breite und Widersprüchlichkeit des Widerstands eine große Gemeinsamkeit sichtbar werden.

Alle Regimegegner standen seit Kriegsbeginn an einer doppelten Front: zwischen Bomben und Gestapo. Sie waren sich darüber im Klaren, dass der Krieg von deutscher Seite begonnen worden war. Mit dem Angriff auf die Sowjetunion war Hitler keineswegs einem Angriff Stalins zuvorgekommen. Schon gar nicht kann man davon sprechen, das »Weltjudentum« hätte dem Deutschen Reich den Krieg erklärt, Konzentrationslager seien Gefangenenlager gewesen. Wer so argumentiert, steht weiterhin im Bann nationalsozialistischer Kriegspropaganda. Beim Zweiten Weltkrieg handelte es sich um einen Rassen- und Weltanschauungskrieg. Alle Versuche, die militärischen Aktionen der deutschen Wehrmacht soldatisch zu rechtfertigen, sind zum Scheitern verurteilt. Diese Einsicht hat noch weitergehende Konsequenzen, über die wir ungern reden: Jeder Deutsche war in der nationalsozialistischen Zeit ein Mittel zum Zweck, dem sich die Nationalsozialisten verschrieben hatten. Nur wenige erkannten, dass sie missbraucht wurden.

Rassen- und Weltanschauungskrieg – das heißt: der Krieg war eine entscheidende Voraussetzung für die Vernichtung des europäischen Judentums. Eine Schlussfolgerung aus dieser Erkenntnis muss sein, jeden zu respektieren, der sich, aus welchen Gründen auch immer, der Mitwirkung an diesem Krieg und den durch ihn ermöglichten Verbrechen widersetzte und entzog. Es dauerte, ehe auch jene Menschen als Opfer anerkannt wurden, die in die Mahlwerke der Kriegsgerichte geraten waren. Heute ist unbestritten, dass die strafrechtliche Verfolgung von Dissidenten, Nonkonformisten, politischen Regimegegner oder Deserteuren unverhältnismäßig und keineswegs rechtens war. So sehr man auch geneigt ist, sich mit der einen oder anderen Gruppe von Regimegegnern zu identifizieren, so wichtig ist es, die gesamte Gegnerschaft zum NS-Staat zu würdigen.

In den letzten Kriegsmonaten ließen sinnlose Durchhaltebefehle, die keinerlei Rücksicht nahmen auf die militärische Lage und die Gefährdung der Zivilbevölkerung durch Kriegshandlungen, Befehle, beim Rückzug »verbrannte Erde« zurückzulassen, viele Soldaten immer deutlicher erkennen, welche Verbrechen die militärische Führung ihnen zumutete und sie dadurch schuldig werden ließ.

Zu erkennen, dass die nationalsozialistische Herrschaft ein Unrechtsregime verkörperte, brauchte allerdings Zeit bis weit in die Nachkriegszeit hinein. Es anzuerkennen fiel jenen Zeitgenossen leichter, die sich ein Gespür für das Leid bewahrt hatten, das die Nationalsozialisten jenen Mitmenschen angetan hatten, die man nicht selten gedankenlos, häufig aber tief verblendet als »Gegenmenschen« oder sogar als »Ballastexistenzen« wahrnahm.

Wer Konsequenz und Mut beweist, ist nicht mehr nur Opfer, sondern er wird zum Täter, zum Täter des Widerspruchs und der Auflehnung, des Widerstands. Das gilt für Regimegegner gleich welcher politischen Richtung, das gilt für Menschen, die sich den Zumutungen des Systems im Alltag widersetzten, und auch für jene, die niemals die Chance hatten, einen Umsturz in die Wege zu leiten, die aber großen Mut aufbringen mussten, um sich den Verstrickungen zu entziehen, die das Regime mit diabolischer Energie produzierte. Diktaturen wollen Menschen schuldig werden lassen und ziehen sie geradezu planvoll in ihre Verbrechen hinein. Deshalb achten wir jene, die standhielten, besonders, denn sie hörten auf ihr Gewissen und folgten ihm selbst dann, wenn es lebensgefährlich wurde.

Formen der Erinnerung

Wir Nachlebenden wollen oftmals nur allzu gern Weltgericht spielen. Wir vergessen dabei, dass wir selbst häufig nicht einmal im Alltag jenes Maß an Zivilcourage beweisen, das wir nachträglich von Menschen fordern, die wussten, dass sie ihr Leben riskierten, die sich nicht beklagten und bis in ihre letzten Lebenssekunden Haltung, Konsequenz, Verantwortung und Mut zeigten.

Um diese Menschen zu ehren, errichten wir Denkmäler und Gedenkstätten. Denn wir wollen uns ins Gedächtnis rufen, wie rasch der Schritt in die Diffamierung und Verfolgung des Andersdenkenden getan ist. Wir erinnern uns nicht, um unser Gewissen zu beruhigen oder uns selbst zu rechtfertigen, sondern weil wir wissen, dass wir selbst es sind, die zur Gefahr des Anderen werden können. Deshalb ist jedes Denkmal eine Frage an uns, ein Stachel in unserem Fleisch.

In Berlin gibt es eine Fülle von Erinnerungsstätten zum Gedenken an die Opfer und auch an die Täter der NS-Zeit. Mancher teilte die Positionen der Nationalsozialisten zunächst und besann sich erst in der Konfrontation mit der Wirklichkeit des NS-Staates eines Besseren. Andere waren, wie manche Regimegegner aus der Arbeiterbewegung, aus der Bekennenden und der katholischen Kirche, gewissermaßen »geborene« Regimegegner. Viele fanden zusammen, indem sie ihre Differenzen nicht nur überwanden, sondern einander respektierten. Es einte sie der Wunsch, Hitler und seine Herrschaft zu beseitigen.

Die Nachlebenden können Denkmäler nutzen, um sich bewusst zu machen, wie brüchig der Boden ist, auf dem wir unsere politische Zivilisation errichtet haben. Denkmäler aber können und dürfen uns so wenig rechtfertigen wie Erinnerung und Gedenken. Denn wer sind wir, dass wir sagen könnten: »Eine heroische Tat«? Wer sind wir, die wir an Denkmälern vorbeigehen, die nicht nur den schweren Gang symbolisieren, den Aufrechte im Jahrhundert der Diktaturen antreten mussten, sondern auch die Prinzipien und Maximen von Menschen, die immer wussten, dass der Gehorsam eine Grenze hat.

Wenn wir uns in einem Denkmal spiegeln, dämmert uns vielleicht, dass es Menschen wie wir waren, die diffamiert und verschleppt wurden, um erschossen zu werden. Und vielleicht ahnen wir dann, dass es unsere Aufgabe ist, die Erinnerung an diese Menschen zu hüten, und dass es anständig und notwendig war zu widerstehen. Uns bleibt heute nur die Möglichkeit, uns zu erinnern. Wir können die Vergangenheit so wenig ändern wie manche Position, die in der Nachkriegszeit bezogen wurde. Die Erfahrung der Ausgrenzung bleibt – dies in einem doppelten Sinn. Denn es geht um betriebene und um erlittene Ausgrenzung, um Täter und Opfer, und um die Erfahrung, dass der Riss, der uns zu Mitläufern oder Tätern auf der einen, zu Ausgelieferten und Opfern auf der anderen Seite machen kann, nicht selten durch unseren Kopf geht.

In Berlin verkörpert sich wie in keiner anderen Stadt das Spektrum dieser vielfältigen Geschichte in zahlreichen Gedenkstätten und Denkmälern. Es darf dabei nicht um eine Topographie der Orte im geographischen Sinne gehen, sondern wir haben uns die

Bezugspunkte unserer Geschichte im Raum der Stadt zu erarbeiten. Dabei kann die Hinführung zu den Orten des Schreckens, der Verfolgung aber auch der Zivilcourage und der Auflehnung helfen. Denn es geht immer um die Einsicht in die Gefährdung des Menschen durch sich selbst und die Möglichkeit seiner Selbstbehauptung im Widerspruch und in der demonstrativen Wahrung und Verteidigung seines Anstands, der aus der Kraft des Gewissens erwachsen kann!

ORTE ERINNERN

3.4. Der Sicherheitsdienst des Reichsführer-SS

Topographie des Terrors

Auf dem Gelände der »Topographie des Terrors« in Mitte befand sich von 1933 bis 1945 eines der wichtigsten Zentren der nationalsozialistischen Gewaltherrschaft. An der Niederkirchnerstraße (früher Prinz-Albrecht-Straße) und an der Wilhelmstraße hatten Geheime Staatspolizei, SS, SD und später das Reichssicherheitshauptamt ihren Sitz. An diesem Ort plante und verwaltete die nationalsozialistische Diktatur den Terror in Deutschland und in den von den Deutschen besetzten Gebieten Europas. Hier wurde der Völkermord an den Juden und an den Sinti und Roma vorbereitet und mit den anderen Behörden koordiniert, hier organisierten Sicherheitspolizei und SD die berüchtigten Einsatzgruppen, hier wurde die Verfolgung und Ermordung von Regimegegnern angewiesen. Die Ausstellung »Topographie des Terrors« informiert über die Geschichte des Ortes und die Dimensionen der Verbrechen, die von ihm ausgingen.
An weitere Standorte zentraler Einrichtungen des NS-Staates erinnert die »Geschichtsmeile Wilhelmstraße«.

Topographie des Terrors
Niederkirchnerstraße 8
10936 Berlin
Tel. 25 48 67 03
www.topographie.de
www.topographie.de/wilhelmstr

Öffnungszeiten
Mai bis September täglich 10 bis 20 Uhr, Oktober bis April 10 Uhr bis zum Einbruch der Dunkelheit (spätestens 18 Uhr), Eintritt frei

Verkehrsverbindung
S1, S2, S25, S26 bis Anhalter Bahnhof oder Potsdamer Platz;
U2 bis Potsdamer Platz;
Bus 248, 341 bis Abgeordnetenhaus

Das »Prinz-Albrecht-Gelände« ist eines der bekanntesten Beispiele für die Verdrängung der nationalsozialistischen Verbrechen in der Nachkriegszeit. Jahrzehntelang fand das Gelände in der Öffentlichkeit keine Beachtung. Die im Zweiten Weltkrieg erheblich beschädigten oder zerstörten Gebäude wurden in der zweiten Hälfte der 1950er-Jahre gesprengt. Nachdem die letzten Trümmerreste nahezu vollständig abgetragen worden waren, blieb eine große freie Fläche zurück. Die Kreuzberger Bezirksverwaltung diskutierte zeitweilig den Bau eines Hubschrauberlandeplatzes. Dann plante der Berliner Senat den Ausbau der Kochstraße zu einer Schnellstraße und ihre Verlängerung quer über das Gelände, stellte die Realisierung jedoch jahrelang immer wieder zurück. Zwischenzeitlich wurde die Fläche als »Autodrom« für Probefahrten ohne Führerschein genutzt. Ende der 1970er-Jahre machte der Stadtplaner und Publizist Dieter Hoffmann-Axthelm auf die Geschichte des Ortes aufmerksam. Bald darauf forderten mehrere Bürgerinitiativen die Errichtung einer Gedenkstätte für die Opfer des Nationalsozialismus. 1983 schrieb der Senat einen Wettbewerb zu einer umfassenden Gestaltung des Geländes aus und wählte einen der 194 eingereichten Entwürfe aus, ohne ihn jedoch umzusetzen. Stattdessen wurde die provisorische Herrichtung des Geländes zur 750-Jahr-Feier Berlins 1987 beschlossen. Unter dem Motto »Nachgegraben« riefen im Mai 1985 der Verein Aktives Museum und die Berliner Geschichtswerkstatt zu einer symbolischen Grabungsaktion auf, um auf die Kellerreste der Gestapo-Zentrale aufmerksam zu machen.

Als erstes Gebäude auf diesem Gelände entstand zwischen 1737 und 1739 das Palais Vernezobre, benannt nach dem Auftraggeber Baron Mathieu Vernezobre de Laurieux. 1830 erwarb Prinz Albrecht von Preußen, Sohn Friedrich Wilhelms III., das Palais, das von nun an seinen Namen trug. Er beauftragte Karl Friedrich Schinkel mit einem umfassenden Umbau, erweiterte den Garten und ließ die gesamte Anlage von Peter Joseph Lenné neu gestalten. Seit den späten 1870er-Jahren entstanden um das Prinz-Albrecht-Palais weitere Gebäude. 1881 wurde das Kunstgewerbemuseum (Martin-Gropius-Bau) fertig gestellt, auf dem Nachbargrundstück folgte 1886 die Einweihung des Völkerkundemuseums. Im Jahr darauf begann man mit der Errichtung eines Hotels, das Anfang des 20. Jahrhunderts den Namen Prinz Albrecht trug. 1905 wurde die Kunstgewerbeschule eröffnet, die wegen Platzmangels aus dem Museum ausziehen musste.

Nach Hitlers Machtübernahme belegten Gestapo und SS die Gebäude in dem Block schrittweise mit Beschlag. Im Frühjahr 1933 zog die Gestapo-Zentrale in die Kunstgewerbeschule in der Prinz-Albrecht-Straße 8. Ab 1939 befand sich im selben Haus auch die Zentrale des Reichssicherheitshauptamtes. Das benachbarte Hotel Prinz Albrecht, Hausnummer 9, in dem die NSDAP seit Anfang 1932 mehrfach Parteikundgebungen veranstaltet hatte, wurde 1934 Dienstsitz von Heinrich Himmler, dem Reichsführer SS, der seit 1936 auch Chef der Polizei war. Zur gleichen Zeit übernahm der Sicherheitsdienst der SS das Prinz-Albrecht-Palais in der Wilhelmstraße 102. In den umliegenden Gebäuden und entlang der Wilhelmstraße bis zum Pariser Platz breiteten sich weitere Einrichtungen des nationalsozialistischen Regimes aus.

Von den Dienstzimmern der Gebäude auf dem »Prinz-Albrecht-Gelände« aus lenkten Bürokraten den europaweiten Terror: die Diskriminierung, Verfolgung und Deportation der Juden und eines großen Teils der Sinti und Roma aus den von den Nationalsozialisten besetzten Ländern Europas, den Aufbau eines ausgedehnten Konzentrations- und Vernichtungslagersystems, die Überwachung, Verfolgung und Ermordung von politisch Andersdenkenden und Widerstandskämpfern. Doch hier wirkten nicht nur Schreibtischtäter: In den Kellergeschossen richtete die Gestapo im Spätsommer 1933 das »Hausgefängnis« ein, in dem sie Regimegegner, zunächst überwiegend aus kommunistischen und sozialdemokratischen Widerstandskreisen, verhörte, grausam misshandelte, manche zu Tode quälte. Nach den Verhören, die oft Tage dauerten, sich aber auch über Wochen, Monate oder sogar Jahre hinziehen konnten, wurden die meisten Häftlinge in andere Gefängnisse oder Konzentrationslager verschleppt. Einige begingen im Gefängnis Selbstmord.

Im Prinz-Albrecht-Palais leitete Reinhard Heydrich, seit 1934 Chef der Gestapo, den Sicherheitsdienst des Reichsführers SS (SD). Seit der Gründung im Jahr 1931 überwachte der SD politische Gegner im In- und Ausland, er beobachtete aber auch die eigenen Parteimitglieder, erkundete die Stimmung in der Bevölkerung und informierte die Parteiführung darüber in den »Meldungen aus dem Reich«. 1936 übernahm Heydrich die Leitung der Sicherheitspolizei, zu der Gestapo und Kriminalpolizei zusammengefasst wurden. Heydrichs offizieller Titel lautete nun

»Chef der Sicherheitspolizei und des SD«. Damit waren die beiden Sicherheitsapparate, der staatliche und der der Partei, vereinigt. Der ehrgeizige »Gehilfe« Himmlers war mit 32 Jahren zu einer der einflussreichsten Figuren im NS-Staat aufgestiegen.

Im September 1939 fasste Himmler schließlich die Sicherheitspolizei und den SD in einer Institution, dem Reichssicherheitshauptamt (RSHA), zusammen, und begründete damit die zentrale Behörde der nationalsozialistischen Terrorherrschaft. Im Auftrag des zum »Leiter des RSHA und Chef der Sicherheitspolizei und des SD« ernannten Heydrich mordeten die Einsatzgruppen in den besetzten Ostgebieten, vor allem beim Überfall auf Polen im September 1939 und dem Angriff auf die Sowjetunion im Juni 1941. Hunderttausende Menschen fielen den Massenexekutionen zum Opfer. Das RSHA umfasste sieben Ämter, deren weit verzweigte Dienststellen über die ganze Stadt verteilt waren. Eine zentrale Bedeutung fiel dem Amt IV zu, das identisch mit dem Geheimen Staatspolizeiamt war und sich auf nationaler wie internationaler Ebene mit der »Gegnererforschung und -bekämpfung« befasste. Chef des Amtes IV war Heinrich Müller. Eine der ihm untergeordneten Abteilungen, das Referat IV B 4 in der Kurfürstenstraße, das so genannte »Judenreferat«, koordinierte unter der Leitung von Adolf Eichmann die Umsetzung der »Endlösung der Judenfrage«.

Im Rahmen der Herrichtung des »Prinz-Albrecht-Geländes« zur 750-Jahr-Feier Berlins wurden 1986/87 große Teile von Fundamentresten der alten Gebäude freigelegt, darunter auch der Boden einiger Zellen des Gestapo-»Hausgefängnisses«. Für die Dokumentation »Topographie des Terrors« errichtete man eine einfache Ausstellungshalle, die Teile der Kellerräume mit einbezog. Das öffentliche Interesse war so groß, dass das für nur ein halbes Jahr geplante Provisorium nach Ablauf der Zeit erhalten blieb. 1990 schlug eine vom Senat beauftragte Fachkommission vor, auf dem »Prinz-Albrecht-Gelände« eine Begegnungs- und Informationsstätte mit einer Dauerausstellung zu errichten. 1992 wurde die Stiftung Topographie des Terrors gegründet, die seit 1994 vom Land Berlin und der Bundesrepublik gemeinsam getragen wird. Noch im Gründungsjahr wurde ein internationaler Bauwettbewerb ausgeschrieben. Der erste Preis ging an den Schweizer Architekten Peter Zumthor. In einer Verpflichtungserklärung sicherte der Bund zu, die Hälfte der Baukosten zu übernehmen. Nach einem symbolischen ersten Spatenstich im Rahmen eines Festaktes am 8. Mai 1995, dem 50. Jahrestag des Kriegsendes, verzögerte sich der Baubeginn bis Sommer 1997. Ein wesentlicher Grund war, dass der ursprünglich veranschlagte Kostenrahmen erheblich erweitert werden musste. Zwei Jahre später kam es zu einem Baustopp; die Kosten wurden inzwischen auf weit mehr als das Doppelte geschätzt.

Drei gewaltige Betonträger ragen mitten auf dem »Prinz-Albrecht-Gelände« in den Himmel, es sind die Treppentürme des geplanten Neubaus. Mit dem Baubeginn im Sommer 1997 wurde die provisorische Ausstellungshalle abgerissen. Seitdem ist die Dokumentation »Topographie des Terrors« als Open-Air-Ausstellung an den freigelegten Kellerwänden der ehemaligen Gestapo-Zentrale entlang der Niederkirchnerstraße zu sehen. Bis zur Fertigstellung des Dokumentations- und Besucherzentrums, die für das Jahr 2007 in Aussicht gestellt wird, soll die Ausstellung in dieser Form erhalten bleiben.

In der Wilhelmstraße, in der seit Beginn des 19. Jahrhunderts die Ministerien Preußens und ab 1871 auch des Deutschen Reiches ihren Sitz hatten, wurden ab 1933 weitere zentrale Institutionen der nationalsozialistischen Diktatur eingerichtet. In der zweiten Hälfte der 1930er-Jahre entstanden hier auch neue Gebäude wie das Reichsluftfahrtministerium und die Neue Reichskanzlei nach Plänen von Alfred Speer. Der monumentale Bau sollte die Herrschaftsansprüche des nationalsozialistischen Deutschlands weithin sichtbar machen. Das Zentrum bildete Hitlers knapp vierhundert Quadratmeter großes Arbeitszimmer mit einer Decke von zehn Metern Höhe. Unter dem Garten der Reichskanzlei wurde 1943 der »Führerbunker« gebaut, in dem Hitler die letzten Kriegswochen verbrachte und am 30. April 1945 Selbstmord beging. An die Vergangenheit der Wilhelmstraße erinnern heute nur noch wenige Gebäude. Der größte Teil von ihnen wurde durch den Krieg beschädigt, die Reste später abgetragen. 1996 richtete die Stiftung Topographie des Terrors hier die Dauerausstellung »Geschichtsmeile Wilhelmstraße« ein. 23 Tafeln zwischen Anhalter Straße und der Straße Unter den Linden informieren in Texten und Bildern über geschichtsträchtige Adressen.

Bibliothek – Denkmal zur Erinnerung an die Bücherverbrennung

Verkehrsverbindung
Bus 100, 200 oder 348
bis Staatsoper

Auf dem Bebelplatz, dem früheren Opernplatz, zwischen Staatsoper, ehemaliger Königlicher Bibliothek und St.-Hedwigs-Kathedrale, verbrannten nationalsozialistische Studenten am 10. Mai 1933 über 20 000 Bücher. Die Aktion »Wider den undeutschen Geist« richtete sich gegen jüdische Schriftsteller und Wissenschaftler sowie gegen nichtjüdische Autoren, deren Werke die Nationalsozialisten als »zersetzend« ansahen. 1993 lobte die Senatsverwaltung für Bau- und Wohnungswesen einen Wettbewerb für ein Denkmal zur Erinnerung an die Bücherverbrennung aus. Die Jury entschied sich für den Entwurf des israelischen Künstlers Micha Ullman – eine unterirdische »Bibliothek« mit leeren Regalen unter einer Glasplatte.

Manch einer geht an der Glasplatte vorbei, ohne sie zu bemerken – unauffällig ist sie in der Mitte des Bebelplatzes in den Boden eingelegt. Erst nach Einbruch der Dunkelheit macht das Licht, das aus der Tiefe auf den Platz hinausstrahlt, schon aus einiger Entfernung auf diesen Ort aufmerksam. Unter der quadratischen Scheibe liegt ein geschlossener Raum mit leeren weiß verputzten Betonregalen an den weißen Wänden. Etwa 20 000 Bücher hätten hier Platz. An der Wand, die in Richtung Humboldt-Universität auf der anderen Seite der Straße Unter den Linden zeigt, findet sich anstelle einer Tür nur eine weiße Fläche. Die Glasplatte ist die einzige Verbindung zur Außenwelt. Sie ist begehbar und soll nach der Intention des Künstlers dadurch Verunsicherung hervorrufen. Der Betrachter, der sich wie der Himmel und Teile der umliegenden Gebäude in der Fläche spiegelt, wird in das Mahnmal einbezogen. Einige Meter entfernt zitieren zwei in das Kopfsteinpflaster eingelassene Bronzetafeln Heinrich Heine: »Das war ein Vorspiel nur, dort wo man Bücher verbrennt, verbrennt man am Ende auch Menschen«, so schrieb er 1820 in seinem Trauerspiel »Almansor«. Diese Vorahnung, die Heine über hundert Jahre zuvor geäußert hatte, wurde bald nach der Bücherverbrennung vom 10. Mai 1933 Wirklichkeit.

In den späten Abendstunden zogen nationalsozialistische Studenten in einem Fackelzug die Straße Unter den Linden entlang, um gegenüber der damaligen Friedrich-Wilhelms-Universität Romane, Erzählungen, Essays, Studien und Schriften auf einem Scheiterhaufen zu verbrennen – darunter Werke von Karl Marx, Sigmund Freud, Kurt Tucholsky, Arthur Schnitzler, Alfred Kerr, Erich Maria Remarque, Bertolt Brecht, Erich Kästner, Carl von Ossietzky, Heinrich Heine, Maxim Gorki und vielen anderen international bekannten Autoren. Die Bücherverbrennung auf dem Bebelplatz war keine spontane Tat. Zur gleichen Zeit wurden auch in vielen anderen deutschen Universitätsstädten Bücher unter den Augen der Öffentlichkeit verbrannt. Die »Deutsche Studentenschaft« hatte die Aktion sorgfältig vorbereitet. Zur »Aufklärung« waren bereits Mitte April zwölf »Thesen wider den undeutschen Geist« veröffentlicht worden, Ende des Monats hatten die Studenten damit begonnen, Bücher aus Büchereien abzuholen. Dazu erstellten sie, von Bibliothekaren unterstützt, »Schwarze Listen«. In Berlin begann die Aktion in der Friedrich-Wilhelms-Universität mit der Antrittsvorlesung Alfred Baeumlers, Professor

für Philosophie und Politische Pädagogik. Im Anschluss daran startete der Umzug durch die Straßen, an dem rund 5000 Studenten teilnahmen. Später warfen sie, angespornt von einer johlenden Menge, die zusammengetragenen Bücher in die Flammen, während einzelne vortraten und die so genannten Feuersprüche riefen. Propagandaminister Goebbels begleitete das infame Spektakel mit einer Schmährede.

Im Gedränge vor der Berliner Universität stand Erich Kästner. Er hörte, wie sein Name aufgerufen wurde, gemeinsam mit den Namen Heinrich Manns und Ernst Glaesers. »Gegen Dekadenz und moralischen Verfall. Für Zucht und Sitte in Familie und Staat«, brüllte ein Student und warf Kästners Roman »Fabian« und seine Gedichtbände ins Feuer. Viele Jahre später bekannte der Schriftsteller: »Ich habe mich damals schon und seitdem manches Mal gefragt: ›Warum hast du, am 10. Mai 1933 auf dem Opernplatz in Berlin, nicht widersprochen? Hättest du, als der abgefeimte Kerl eure und auch deinen Namen in die Mikrofone brüllte, nicht zurückschreien sollen?‹ Dass ich dann heute hier nicht stünde, darum geht es jetzt nicht. Nicht einmal, dass es zwecklos gewesen wäre, steht zur Debatte. Helden und Märtyrer stellen solche Fragen nicht.«

Mit der Einrichtung der Reichsschrifttumskammer im Herbst 1933 war der Prozess der Gleichschaltung des Literaturbetriebs nur wenige Monate später abgeschlossen. In den Wochen unmittelbar nach der Bücherverbrennung hatten mehr als 250 namhafte Schriftsteller das Land verlassen. Seit August 1933 ordnete das Reichsinnenministerium die Ausbürgerung zahlreicher Schriftsteller, Wissenschaftler und Künstler an, unter ihnen Alfred Döblin, Lion Feuchtwanger, Alfred Kerr, Theodor Plievier und Anna Seghers. Als die Reichsschrifttumskammer Thomas Mann im Dezember 1933 zum Beitritt aufforderte, notierte der Literaturnobelpreisträger in seinem Tagebuch: »Das werde ich nicht tun und also ist es wohl der Bruch und das Ende.« Das nationalsozialistische Deutschland hatte einer aufgeklärten und internationalen Geisteshaltung die Tür zugeschlagen. Zurück blieb ein Vakuum, das die Nachkriegsschriftsteller später als kulturellen »Kahlschlag« bezeichnen sollten.

Um diese geistige Leere, um Schweigen und Stille geht es Micha Ullman an diesem Ort. Das Denkmal, so der Künstler, »ist ein Grab, eine Grubenskulptur in der Erde dieses authentischen Ortes mit all seinen Bedeutungen, auch dem, was nach der Bücherverbrennung kam.« So erinnert die »Bibliothek« nicht nur an die verbrannten Bücher, sondern auch an den Bruch mit den Autoren, die ihre Heimat und Wirkungsstätte verlassen mussten, und an die Opfer des Nationalsozialismus.

Die Bernhard Lichtenberg Kapelle in der St.-Hedwigs-Kathedrale

Seit 1932 predigte Bernhard Lichtenberg als Dompfarrer, seit 1938 als Dompropst in der St.-Hedwigs-Kathedrale am heutigen Bebelplatz in Mitte. In seinen Abendandachten rief er zur Fürbitte für die Juden und andere Häftlinge in den Konzentrationslagern auf. 1941 verhaftete ihn die Gestapo und verurteilte ihn im Jahr darauf zu zwei Jahren Gefängnis. Nach Ablauf seiner Haftzeit sollte er in das Konzentrationslager Dachau gebracht werden. Er starb schwer krank auf dem Weg dorthin. Seit 1965 befindet sich seine Grabstätte in der Unterkirche der St.-Hedwigs-Kathedrale. Im Vorraum der Kathedrale berichtet eine Dokumentation über Lichtenbergs Leben und seinen Widerstand gegen die NS-Diktatur.

Katholisches
Dompfarramt St. Hedwig
Hinter der Katholischen
Kirche 3
10117 Berlin
Tel. 203 48 10
www.hedwigs-
kathedrale.de

Eingang in die Kathedrale vom Bebel-Platz

Öffnungszeiten
Montag bis Freitag
10 bis 17 Uhr, Samstag
10 bis 16.30 Uhr,
Sonntag 13 bis 17 Uhr – sofern keine außerordentlichen Gottesdienste stattfinden.

Verkehrsverbindung
Bus 100, 200 oder 348
bis Staatsoper

Im Spätsommer 1941 erschienen bei der Gestapo zwei Studentinnen und erstatteten Anzeige: Bei einem Gottesdienst in der St.-Hedwigs-Kathedrale habe der Pfarrer zum Gebet »für die Juden und die armen Gefangenen in den Konzentrationslagern« aufgerufen. Wie jeden Abend hatte Lichtenberg gebetet. Für sie, wie auch »für die gefangenen Priester und Ordensleute, besonders für die Priester unseres Bistums, für die zum Unglauben, zur Verzweiflung und zum Selbstmord versuchten Menschen, für die Millionen namen- und staatenloser Flüchtlinge, für die kämpfenden, verwundeten und sterbenden Soldaten hüben und drüben, für die bombardierten Städte in Freundes- und Feindesland [...] für das Vaterland und die Führer des Volkes«. Die beiden Studentinnen waren nur zufällig an der Kathedrale vorbeigekommen, »die uns in ihrer Architektur besonders auffiel, und wir beschlossen, uns auch einmal das Innere anzusehen«, so gaben sie zu Protokoll. Empört über die vernommenen Worte verließen sie die Kirche wieder. Ihre Denunziation führte zu Lichtenbergs Verhaftung wegen »bolschewistischer Propaganda«.

Schon seit Jahren hatte die Gestapo Lichtenberg im Visier gehabt. Mehrere Strafanzeigen und staatspolizeiliche Vernehmungen waren bisher jedoch folgenlos geblieben. Lichtenberg, 1875 im schlesischen Ohlau geboren, war 1900 als Kaplan nach Berlin gekommen. Hier nahm er seine Tätigkeit als Seelsorger auf, der er in den folgenden Jahrzehnten leidenschaftlich nachging. Engagiert und redegewandt trat er für die Interessen der Katholiken ein und trug dazu bei, das katholische Selbstbewusstsein zu stärken. 1913 wurde er Pfarrer der Herz-Jesu-Gemeinde in der damals unabhängigen Residenzstadt Charlottenburg, der zu dieser Zeit 36 000 Katholiken angehörten. Da eine Kirche für eine so große Gemeinde nicht ausreichen konnte, gründete er trotz großer finanzieller und personeller Schwierigkeiten fünf neue Kuratien. Im Laufe der Jahre gelang es ihm, Geld für den Bau von fünf neuen Kirchen zusammenzutragen. Um die Interessen der Kirche politisch zu vertreten, wurde er Mitglied in der Charlottenburger Stadt- bzw. Bezirksverordnetenversammlung. Dort setzte er sich besonders für schul- und sozialpolitische Belange ein, darüber hinaus engagierte er sich im »Friedensbund deutscher Katholiken«.

Sein erster Konflikt mit den Nationalsozialisten fiel bereits in die Zeit vor Hitlers Machtübernahme. Lichtenberg hatte zu einer

Vorführung des Anti-Kriegsfilms »Im Westen nichts Neues« nach dem Roman von Erich Maria Remarque eingeladen. Die NS-Presse verfiel daraufhin in eine massive Hetzkampagne. »Viehische Totenschändung«, »Prälat Lichtenberg verhöhnt unsere Gefallenen« titelte das von Joseph Goebbels herausgegebene Wochenblatt »Der Angriff«. »Verkommenheit« und »moralische Verpestetheit« hielt die Zeitung ihm vor und drohte: »Das deutschbewusste Berlin lässt sich so eine freche Provokation nicht gefallen, es erhebt millionenstimmig den Ruf: ›Raus, zum Tor hinaus mit Monsignore Lichtenberg.‹ «

Lichtenbergs unerschütterlicher Standpunkt in Glaubens- und Menschenrechtsfragen war mit der nationalsozialistischen Weltanschauung unvereinbar. Im Sommer 1935 übergab er im Büro des preußischen Ministerpräsidenten Hermann Göring ein Protestschreiben gegen Menschenrechtsverletzungen im Konzentrationslager Esterwegen bei Oldenburg, in dem auch der Publizist Carl von Ossietzky inhaftiert war. Trotz Hausdurchsuchungen, Verhören, Verwarnungen und Verleumdungen prangerte er immer wieder die Verbrechen der Diktatur an. Auf seinen Anstoß hin gründete der Berliner Bischof Konrad Graf von Preysing 1938 ein katholisches Hilfswerk, das sich unter der Leitung von Margarete Sommer, einer der wichtigsten Frauen des christlichen Widerstands, um Auswanderungsmöglichkeiten für Berliner Juden kümmerte. Als die Nationalsozialisten am 9. November 1938 in Deutschland die Synagogen in Brand steckten, jüdische Friedhöfe verwüsteten, 7500 jüdische Geschäfte plünderten, Juden verschleppten und ermordeten, betete Lichtenberg in der St.-Hedwigs-Kathedrale »für alle verfolgten nichtarischen Christen und für die Juden. Was gestern war, wissen wir, was morgen ist, wissen wir nicht, aber was heute geschehen ist, das haben wir erlebt: Draußen brennt der Tempel – das ist auch ein Gotteshaus.« Im August 1941 erhoben Vertreter der katholischen Kirche, unter ihnen auch Lichtenberg, aufgerüttelt durch das Engagement des Münsteraner Bischofs Clemens August Graf von Galen, ihre Stimme gegen die »Euthanasie«-Morde, die Tötung so genannten »lebensunwerten Lebens«, und gegen die Deportation deutscher Juden, die mit Nicht-Juden verheiratet waren. In seiner kompromisslosen Haltung den Nationalsozialisten gegenüber blieb Lichtenberg jedoch eine Ausnahme. Nur wenige Kirchenvertreter setzten sich so unmissverständlich und ausnahmslos gegen die Verfolgung aller Juden ein.

Lange zögerte die Gestapo, den weit über seine Gemeinde hinaus bekannten und beliebten Lichtenberg zu verhaften. Am 23. Oktober 1941 nahm sie ihn schließlich fest. Sieben Monate musste er unter menschenunwürdigen Bedingungen in Untersuchungshaft verbringen. Das im Mai 1942 gefällte Urteil lautete auf zwei Jahre Gefängnis unter Anrechnung der Untersuchungshaft. Lichtenberg kam anschließend ins Strafgefängnis Tegel. Nach Ablauf seiner Haftzeit wurde er jedoch nicht in die Freiheit entlassen. Die Gestapo entschied anders über das Schicksal des schwerkranken Mannes: »Da zu befürchten steht, dass Lichtenberg nach seiner Haftentlassung wiederum im staatsfeindlichen Sinne in Erscheinung tritt und hierdurch die Öffentlichkeit beunruhigt, hat das Reichssicherheitshauptamt seine Einweisung in ein Konzentrationslager verfügt.« Auf dem Transport in das KZ Dachau kam er zusammen mit zweihundert anderen Gefangenen zunächst nach Hof. Dort musste er in ein Krankenhaus gebracht werden, wo er am 5. November 1943 starb.

Sein Leichnam wurde auf dem Alten Domfriedhof St. Hedwig in der Liesenstraße in Wedding bestattet. 5000 Menschen erwiesen Lichtenberg in einer stillen Demonstration die letzte Ehre. Die St.-Hedwigs-Kathedrale war zu diesem Zeitpunkt nur noch eine Ruine; bei einem Bombenangriff im März 1943 war sie bis auf die Umfassungsmauern zerstört worden. 1952 begann der Wiederaufbau. 1965 überführte man die sterblichen Überreste Lichtenbergs in die Unterkirche der Kathedrale. Die nach dem Vorbild des römischen Pantheon erbaute Kirche war zwischen 1747 und 1773 als Teil des Forum Fridericianum entstanden. Die wachsende Bedeutung der katholischen Gemeinde hatte Friedrich II. veranlasst, den Katholiken eine eigene Kirche zu errichten – es war die erste katholische Kirche, die nach der Reformation im protestantischen Preußen gebaut wurde. In der Unterkirche befinden sich acht Kapellen mit schmiedeeisernen Pforten und farbigen Glasfenstern. Auf der östlichen Seite liegt die Bernhard Lichtenberg Kapelle mit einer schlichten Grabplatte aus Bronze. Drei Bronzetafeln an der Wand nennen Namen von weiteren Katholiken des Bistums Berlin, die zwischen 1934 und 1944 durch die Nazis ihr Leben verloren.

1994 wurde Lichtenberg als erster deutscher Priester als Märtyrer des Nationalsozialismus anerkannt. 1996 sprach Papst Johannes Paul II. ihn selig, Gedenktag ist sein Todestag.

Neue Wache

Die Neue Wache in Mitte wurde am Volkstrauertag 1993 als »Zentrale Gedenkstätte der Bundesrepublik Deutschland für die Opfer von Krieg und Gewaltherrschaft« eingeweiht. Zwischen 1816 und 1818 nach Plänen von Karl Friedrich Schinkel als Königswache erbaut, war sie von Anfang an ein Ort von großer symbolischer Bedeutung. Auf der Suche nach einer neuen Bestimmung im Zuge der politischen Umbrüche des 20. Jahrhunderts wurde der Bau mehrfach umgestaltet und politisch vereinnahmt. Heute steht im Innenraum eine vergrößerte Nachbildung der Bronzeskulptur »Mutter mit totem Sohn«, auch »Pietà« genannt, von Käthe Kollwitz.

Verkehrsverbindung
Bus 100, 200 oder 348
bis Staatsoper

Die Neue Wache zwischen Humboldt-Universität und Zeughaus in der Straße Unter den Linden gilt als ein Meisterwerk klassizistischer Architektur in Deutschland. Sie ist der erste größere Bau Schinkels für Berlin. Das Gebäude, dessen Entwurf in Anlehnung an ein römisches Castrum entstand, bildete den Auftakt zur Umgestaltung der Straße Unter den Linden nach dem Sieg über Napoleon zur Via Triumphalis. Die Siegesgöttinnen im Portikus stammen von Johann Gottfried Schadow, das Relief im Tympanon, das eine Siegesgöttin im Kampf zeigt, führte Mitte der 1840er-Jahre der Bildhauer August Kiß in Anlehnung an Schinkels Pläne aus. Beiderseits des Baus wurden 1822 zwei von Christian Daniel Rauch geschaffene Denkmäler für die preußischen Generäle in den Befreiungskriegen Scharnhorst und Bülow aufgestellt. Später folgten gegenüber der Neuen Wache die Standbilder von Blücher, Gneisenau und Yorck.

Fast hundert Jahre lang diente das Gebäude als Haupt- und Königswache, war Schauplatz von Wachablösungen und großen Paraden. 1848 arrestierte man hier auch Revolutionäre. Nachdem die Neue Wache 1918 ihre ursprüngliche Funktion verloren hatte, wurde die weitere Nutzung jahrelang intensiv diskutiert. Unter anderem wurde sogar die Einrichtung eines Cafés oder einer Bankfiliale erwogen. Mitte der 1920er-Jahre kam erstmals der Vorschlag auf, die Neue Wache als Kriegerdenkmal zu gestalten. 1930 schrieben die preußische Regierung und die Reichsregierung gemeinsam einen Wettbewerb zur Umgestaltung der Neuen Wache in eine Gedächtnisstätte für die Gefallenen des Weltkriegs aus. Sie forderten sechs prominente Architekten zur Teilnahme auf, darunter Peter Behrens, Hans Poelzig, Ludwig Mies van der Rohe und Heinrich Tessenow. Der Auftrag ging schließlich an Tessenow. Noch im selben Jahr begannen die Umbauten. Der ursprünglich vorhandene Innenhof wurde beseitigt, die seitlichen Fenster zugemauert, sodass ein einziger großer Raum mit drei geschlossenen Wänden entstand, erhellt durch eine neu geschaffene runde Deckenöffnung. Darunter, in der Mitte des Raumes, ließ Tessenow einen altarartigen schwarzen Granitblock aufstellen, auf dem ein mit Platin und Blattgold versetzter silberner Eichenkranz lag.

Das Urteil über den Entwurf und seine Ausführung fiel sehr unterschiedlich aus, sowohl was die architektonische Gestaltung als auch den symbolischen Gehalt betraf. In einer langanhaltenden öffentlichen Diskussion wechselte scharfe Kritik aus allen politischen Richtungen mit großer Zustimmung. Während die einen die Schlichtheit des Gedenkraumes als »leer an gedanklichem Inhalt« verurteilten – der Kunstkritiker Paul Westheim befand: »geistig eine Banalität und Banalität auch in der Formensprache«–, sahen andere, wie etwa der Publizist Siegfried Kracauer, gerade in dem leeren Raum die angemessene Form des Gedenkens. Die Wochenzeitschrift »Die Weltbühne« hingegen polemisierte: »Baut konservierte Schützengräben, Drahtverhaue, Unterstände und Granattrichter auf, mit Leichen und Gestank, mit Blut und Dreck [...] Und als Bekrönung den Christus mit der Gasmaske von George Grosz.«

Ab 1933 missbrauchten die Nationalsozialisten die Neue Wache als eine Stätte der Verherrlichung des Soldatentodes. An der Wand hinter dem Granitstein wurde ein großes Eichenholzkreuz aufgestellt; außen, an den seitlichen Ecktürmen des Gebäudes, befestigte man zwei überdimensionale Eichenkränze. In den folgenden Jahren fanden regelmäßig aufwändig inszenierte Paraden der Wehrmacht und Heldenehrungen statt; am »Heldengedenktag« wurden in Anwesenheit Hitlers im Innenraum Kränze niedergelegt. Im Februar 1945 wurde die Neue Wache bei einem Bombenangriff schwer beschädigt.

1949 setzte erneut eine viele Jahre andauernde Auseinandersetzung um die Zukunft des zerstörten Bauwerks ein. Nach einigen Wiederaufbaumaßnahmen blieb die Neue Wache zunächst ohne Bestimmung. 1956 beschloss das SED-Regime die Einrichtung des Gebäudes als »Mahnmal der Opfer des Faschismus und Militarismus«, vier Jahre später erfolgte die Einweihung mit militärischem Zeremoniell. Seit dem 1. Mai 1962 hielten zwei Soldaten der Nationalen Volksarmee vor dem Mahnmal Ehrenwache, und einmal in der Woche fand der Große Wachaufzug statt. Zum 20. Staatsfeiertag der DDR 1969 wurde die Neue Wache wieder umgestaltet. Der Auftrag dazu ging an den Architekten Lothar Kwasnitza. In der Mitte des Raumes stand nun ein Glaskubus, in dem eine Ewige Flamme brannte. Davor wurden das Grab des »Unbekannten Soldaten« und das Grab des »Unbekannten Widerstandskämpfers« angelegt, die mit Erde aus Konzentrationslagern und von Schlachtfeldern des Krieges umgeben waren. Die Rückwand versah man mit einer großformatigen Steinintarsie des Staatswappens der DDR.

Seit 1993 ist die Neue Wache die zentrale Gedenkstätte der Bundesrepublik Deutschland für die »Opfer von Krieg und Gewaltherrschaft«. Der Innenraum Tessenows wurde wiederhergerichtet und in der Mitte eine vierfach vergrößerte Nachbildung der Bronzeskulptur »Mutter mit totem Sohn« von Käthe Kollwitz aufgestellt. Die 1867 geborene Bildhauerin und Grafikerin ist berühmt für ihre von tiefem Mitgefühl und sozialem und pazifistischem Engagement geprägten Kunstwerke. Nachdem ihr Sohn Peter 1914 als Kriegsfreiwilliger in Flandern sein Leben verloren hatte, bestimmte die Auseinandersetzung mit seinem Tod ihr künstlerisches Schaffen. Zeit ihres Lebens konnte Käthe Kollwitz es sich nicht verzeihen, dass sie ihn in den Krieg hatte ziehen lassen. Ihre Skulptur »Mutter mit totem Sohn« entstand 1937/38. Am 22. Oktober 1937, seinem 23. Todestag, schrieb sie in ihr Tagebuch: »Ich arbeite an der kleinen Plastik, die hervorgegangen ist aus dem plastischen Versuch, den alten Menschen zu machen. Es ist nun so etwas wie eine Pietà geworden. Die Mutter sitzt und hat den toten Sohn zwischen ihren Knien im Schoß liegen. Es ist nicht mehr Schmerz, sondern Nachsinnen.«

Die Vergrößerung der 38 Zentimeter großen Bronzeskulptur führte der Berliner Bildhauer Harald Haacke aus. Der Guss des Gipsmodells erfolgte in der Bronzegießerei Noack in Friedenau, in der bereits Käthe Kollwitz die Abgüsse ihrer Skulpturen anfertigen ließ. Links und rechts vom Eingang sind zwei Gedenktafeln angebracht. Die eine Tafel gibt einen Überblick über die Geschichte des Bauwerks – ohne die Zeit des Nationalsozialismus zu erwähnen. Die andere nennt alle Opfergruppen, die in das Gedenken miteinbezogen sind.

Die erneute Umgestaltung der Neuen Wache zur zentralen Gedenkstätte für die Opfer von Krieg und Gewaltherrschaft führte zu heftigen Kontroversen. Der Zentralrat der Juden, Verbände Verfolgter des Naziregimes, Geschichtswerkstätten, die Akademie der Künste, Parteien, einzelne Politiker, Publizisten und viele Bürger meldeten sich zu Wort. Die Kritik bezog sich zunächst auf das Verfahren: Die Bundesregierung hatte die Neugestaltung, die im Wesentlichen auf die persönlichen Vorstellungen des damaligen Bundeskanzlers Helmut Kohl zurückgeht, im Januar 1993 weitgehend ohne Einbeziehung von Parlament und Öffentlichkeit beschlossen. Scharfe Proteste richteten sich darüber hinaus gegen die Vergrößerung eines Kunstwerks ins Monumentale ohne Zustimmung der Künstlerin sowie gegen die Aussage der »Mutter mit totem Sohn«, die den Soldatentod in den Vordergrund rückt und darin ebenso wenig wie in ihrer christlichen Symbolik geeignet ist, an das alle Generationen und Geschlechter und viele Völker umfassende Massensterben und Massenmorden durch die Nationalsozialisten zu erinnern. Viele Einwände bezogen sich auch auf die Inschrift »Den Opfern von Krieg und Gewaltherrschaft«. Sie kann den Eindruck erwecken, dass die nationalsozialistischen Täter als Kriegsopfer verstanden werden und den Opfern des Nationalsozialismus gleichgestellt sind. Deshalb wurde zur Einweihung der Gedenkstätte die Tafel rechts vom Eingang angebracht, die die allgemeine Widmung mit einem Text ergänzt.

Denkzeichen Modezentrum Hausvogteiplatz

Der Hausvogteiplatz östlich des Gendarmenmarktes war einst der Mittelpunkt der Berliner Mode- und Bekleidungsbranche. Viele jüdische Textilfabrikanten hatten sich seit Mitte des 19. Jahrhunderts hier und in den umliegenden Straßen niedergelassen. Firmen wie Gerson, Hertzog, Levin und Manheimer begründeten das weltweite Ansehen der Berliner Mode. Der glanzvollen Geschichte des Konfektionsviertels setzten die Nationalsozialisten ein jähes Ende. Ab 1933 trieben sie die jüdischen Geschäftsleute und ihre Angestellten ins Exil oder deportierten sie in die Vernichtungslager. Seit Juli 2000 erinnert das »Denkzeichen Modezentrum Hausvogteiplatz« von Rainer Görß an die jüdischen Inhaber und Beschäftigten der Berliner Konfektion und an die Zerstörung einer hundertjährigen Tradition.

Verkehrsverbindung
U2 bis Hausvogteiplatz; Bus 147 bis Jerusalemer Straße oder Gendarmenmarkt, Bus TXL bis Werderscher Markt (drei Minuten Fußweg über Oberwallstraße)

& Beda
Hausvogteiplatz Nr. 8
& Nathan
Hausvogteiplatz Nr. 11
Loewenthal, E. & Co.
Lindemann, Leopold
Gebr. Lewy

»Acht Uhr in der Frühe [...] Die tausende von Angestellten, die im Konfektionsviertel beschäftigt sind, eilen ihrer Arbeitsstätte zu. Jedem Omnibus, jedem der zahlreichen, das Konfektionsviertel kreuzenden Straßenbahnwagen entsteigen in großer Zahl die jungen Leute [...] Bald nach acht Uhr kommen auch die ersten Lieferdroschken [...] Wenn gerade Hochsaison ist, so rollt im Konfektionsviertel unaufhörlich eine Droschke nach der anderen heran. Der ganze Platz ist von den Wagen der Lieferung eingenommen, kaum dass der mitfahrende Meister daneben Platz findet [...] Nun rollen auch in Taxametern nach und nach die Chefs heran, der eine oder andere Mantelkönig auch wohl in eleganter, zweispänniger Victoria. Selbstverständlich kommen auch die ersten Konfektionäre, die Herren mit den Ministergehältern, in Droschken vorgefahren, nicht minder die Reisenden der großen Häuser.« So beschrieb der Journalist und Theaterkritiker Moritz Loeb im Jahre 1906 den hektischen Tagesbeginn am Hausvogteiplatz.

Kurze Zeit später wurde hier eine U-Bahnstation eröffnet. Der Ausgang führt direkt auf den Platz. Wer heute aus der U-Bahn aussteigt und die Treppe mit dem Blick nach unten hinaufgeht, wird an den Stirnseiten der Stufen Namensschilder erblicken: »Bang & Hansen Hausvogteiplatz Nr. 8–9 bis 1936«, »Gebrüder Berglas Hausvogteiplatz Nr. 5–6 bis 1935«, »Brad, Hirschfeld & Co. Hausvogteiplatz Nr. 11«, »Braun, Sigmund Hausvogteiplatz Nr. 3–4 bis 1935«. Oben angekommen, endet die Aufzählung mit dem Hinweis: »Aus dem Adressbuch der Berliner Konfektionsfirmen«. Die Inschriften sind Teil des Denkzeichens von Rainer Görß, dessen Errichtung auf die Initiative des Publizisten Uwe Westphal und des Verlegers Gerhard Hentrich zurückgeht. Die insgesamt neunzehn Schilder erinnern an jüdische Textilfabrikanten, die bis zu ihrer Vertreibung durch die Nationalsozialisten hier ansässig waren. Auch wer die Treppe hinuntergeht, kann die Namenstafeln bemerken: In einer großen Spiegelwand sieht man sich selbst und die Stufen. Wem die spiegelverkehrten Inschriften auffallen, der dreht sich vielleicht einmal um.

Auf dem Platz, direkt am Ausgang der U-Bahnstation, stehen drei schmale, 2,70 Meter hohe doppelseitige Spiegel. Sie erinnern an Ankleidespiegel in Modegeschäften. Die Anordnung im Dreieck entspricht etwa dem Grundriss des Platzes. Einander leicht zugeneigt, deuten sie einen Raum an. Tritt man zwischen die Spiegel, so ist es, als befände man sich in einem Labyrinth. Die Spiegelungen eröffnen aufsteigende, endlose Wege und zeigen bruchstückhafte Ansichten des Platzes. Wendet man den Blick nach unten, kehrt die Orientierung zurück: Drei in den Boden eingelassene gusseiserne Gedenktafeln rufen die Vergangenheit dieses Ortes in Erinnerung.

Am Hausvogteiplatz befand sich ursprünglich eine Bastion der Stadtbefestigung aus dem 17. Jahrhundert. 1750 wurde an der Nordseite die Hausvogtei errichtet, das Untersuchungsgefängnis des Hofgerichts, die dem Platz 1789 seinen Namen gab. Seit Mitte des 19. Jahrhunderts siedelte sich hier die Berliner Mode- und Bekleidungsbranche an. In nur wenigen Jahren erzielte die Gründergeneration, zu der überwiegend jüdische Unternehmer zählten, große geschäftliche Erfolge. Mit Firmen wie Hermann Gerson, Gebrüder Manheimer, David Leib Levin oder Nathan Israel an der Spitze avancierte die Konfektionsindustrie zu einem der wichtigsten Wirtschaftszweige in Berlin. Das Exportgeschäft blühte, erste Warenhäuser entstanden. Mit einer bisher nicht gekannten Fülle von Produkten – von billiger Stapelware bis zu exklusiver Haute Couture – in großzügigen, aufwändig dekorierten Räumen ansprechend präsentiert, boten diese Häuser ihren Kunden ein völlig neues Einkaufserlebnis. Trends aus London und Paris wurden von hiesigen Modeschöpfern aufgegriffen und in Berlin eingeführt. Durch eine enge Verbindung zum Kulturbetrieb und zu den Künstlern der Avantgarde brachte die Branche auch eigene schöpferische Leistungen hervor und trug Anfang des 20. Jahrhunderts maßgeblich zu Berlins Ruf als »Hauptstadt der Moderne« bei. Dass Berlin in den späteren Jahren der Weimarer Republik, zwischen 1925 und 1930, einen eigenen Modestil entwickelte, der durchaus mit der Pariser Mode konkurrieren konnte, war zu einem großen Teil das Verdienst jüdischer Unternehmer.

Mehr als andere Wirtschaftszweige war die Modebranche von Anfang an Zielscheibe antisemitischer Propaganda. Der Anteil jüdischer Firmen war vergleichsweise hoch, Anfang der 1930er-Jahre lag er bei etwa fünfzig Prozent. Das Vorurteil, dass es sich hierbei um eine »international zusammenhängende Judenschaft« handele, die die »anständige und ehrenhafte Konkurrenz« durch »systematisch betriebenen Schmuggel« schädige, war schon im 19. Jahrhundert verbreitet. Als die Nationalsozialisten nach der Machtübernahme 1933 sofort mit der systematischen Verdrängung der Juden aus allen Bereichen der Wirtschaft begannen, trieben sie insbesondere die Konfektionsunternehmer durch diskriminierende Verordnungen und Gesetze in die Enge. Nach dem Aufruf zum Boykott jüdischer Geschäfte am 1. April 1933 kam es zu zahlreichen tätlichen Übergriffen und Verwüstungen, die vor allem in den großen Warenhäusern erhebliche Sachschäden zur Folge hatten. Noch im selben Jahr ließen sich die ersten jüdischen Geschäftsleute am Hausvogteiplatz auf »freiwillige Arisierungen« ein, verkauften ihre Betriebe weit unter Wert und flohen ins Ausland. Die Isolierung von Zulieferbetrieben, erzwungene Entlassungen jüdischer Angestellter und Berufsverbote beschleunigten die Zerschlagung der Modeindustrie. Zur Vertreibung der Juden aus der Bekleidungsbranche propagierten die Nazis eine Mode der »arischen Wesensart«. Auch die auflagenstarken Modezeitschriften waren von der systematischen Ausgrenzungspolitik betroffen. Wie sehr die Fachpresse kontrolliert wurde, belegt der drastische Rückgang der Werbeanzeigen jüdischer Auftraggeber seit Herbst 1933. Drei Jahre später wurden keine Anzeigen jüdischer Konfektionsfirmen mehr gedruckt. Ab Juni 1938 war es ihnen außerdem verboten, Werbebriefe und Postwurfsendungen zu verteilen. Zugleich erließ das Reichspostministerium eine Verordnung, die es »arischen« Unternehmern ermöglichte, Postwurfsendungen mit dem Zusatz »Nicht an Juden« zu versehen. Ebenfalls im Sommer 1938 wurde Juden der Besuch der Börsen untersagt.

In der Pogromnacht vom 9. auf den 10. November 1938 und während des nächsten Tages erreichte der Staatsterror seinen vorläufigen Höhepunkt. In einem regelrechten Rachefeldzug gegen die »jüdischen Konfektionsbarone« verwüstete die SA die noch verbliebenen Kaufhäuser im gesamten Viertel, verhaftete jüdische Angestellte, plünderte und verbrannte Stoffe und Kleider in Geschäften und auf dem Hausvogteiplatz. Einen Monat später untersagte der preußische Ministerpräsident Hermann Göring mit der »Verordnung zur Ausschaltung der Juden aus dem deutschen Wirtschaftsleben« jüdischen Bürgern jegliche Beteiligung am wirtschaftlichen Leben. 1939 war die Berliner Konfektion »judenfrei«. Rund 4000 in der Modebranche beschäftigte Juden wurden später in die Vernichtungslager deportiert und ermordet.

Die meisten Gebäude am Hausvogteiplatz wurden im Zweiten Weltkrieg zerstört. Nur drei Häuser erinnern heute noch an das Mode- und Textilzentrum: Am Hausvogteiplatz 1 (früher 5–6), erbaut 1929, betrieben die Gebrüder Berglas ihr Geschäft für Damenmäntel, Stoffe und Zubehör. In Haus Nummer 12 (damals 11) aus dem Jahr 1895 ließen sich verschiedene Textilfirmen nieder, unter anderem David Leib Levin, Mayerhof & Nathorfe, Lindenberg & Ascher. Das 1896 errichtete Gebäude in der Oberwallstraße 6–7 war der Sitz der Firma Gebrüder Manheimer, deren Damenkonfektion weltweit berühmt war.

Die Widerstandsgruppe um Herbert Baum

Seit Mitte der 1930er-Jahre versammelte der dreißigjährige Elektriker Herbert Baum eine Gruppe junger Kommunisten um sich, die zum großen Teil wie er jüdischer Herkunft waren. Ein engerer Kreis innerhalb der insgesamt rund hundert Mitglieder bildete im Herbst 1941 eine Widerstandsgruppe und verübte im Mai 1942 einen Brandanschlag auf eine antisowjetische Propagandaausstellung im Berliner Lustgarten. Viele der Beteiligten wurden zum Tode verurteilt und hingerichtet. 1981 ließ der Magistrat von Ostberlin in der südöstlichen Ecke des Lustgartens, gegenüber dem Berliner Dom, einen Gedenkstein für die Widerstandskämpfer um Herbert Baum aufstellen. Zwanzig Jahre später wurde der Stein vom Bezirksamt Mitte um zwei beschriftete Plexiglasscheiben ergänzt.

Verkehrsverbindung
Bus 100, 200 oder 348
bis Lustgarten

UNVERGESSEN
DIE MUTIGEN TATEN UND DIE
STANDHAFTIGKEIT DER VON
DEM JUNGKOMMUNISTEN
HERBERT BAUM
GELEITETEN
ANTIFASCHISTISCHEN
WIDERSTANDSGRUPPE

Herbert Baum starb im Juni 1942 im Untersuchungsgefängnis Moabit. Schwer misshandelt, setzte er seinem Leben wahrscheinlich selbst ein Ende. Mehr als zwanzig Mitglieder der nach ihm benannten Widerstandsgruppe wurden in mehreren großen Prozessen zum Tode verurteilt und zwischen August 1942 und September 1943 in Plötzensee hingerichtet. Andere nahmen sich in der Haft das Leben oder kamen in Gefängnissen oder Konzentrationslagern um. Der Brandanschlag hatte nur geringen Schaden angerichtet. Die Gestapo reagierte jedoch schon nach wenigen Tagen mit ersten Festnahmen, weitere Verhaftungswellen folgten.

Im Zusammenhang mit der Neugestaltung des Lustgartens Ende der 1990er-Jahre geriet der zu DDR-Zeiten aufgestellte Gedenkstein in die Diskussion. Die Inschriften auf dem Steinwürfel des Bildhauers Jürgen Raue – »Unvergessen die mutigen Taten und die Standhaftigkeit der von dem Jungkommunisten Herbert Baum geleiteten antifaschistischen Widerstandsgruppe« und »Für immer in Freundschaft mit der Sowjetunion verbunden« – schienen inzwischen erklärungsbedürftig. Das Gedenken an Herbert Baum und die anderen Beteiligten sollte im Vordergrund stehen und nicht das politische Bekenntnis der DDR zur Sowjetunion. Im Jahr 2000 veranlasste das Bezirksamt Mitte daher die Erweiterung um zwei beschriftete Plexiglasscheiben. Die eine Scheibe nennt 34 Namen von Menschen, die an dem Brandanschlag beteiligt waren, auf der anderen werden die historischen Zusammenhänge erklärt. Das Bezirksamt griff damit eine Idee von Gerhard Zadek auf, der der Widerstandsgruppe selbst angehört hatte.

Am 10. Februar 1912 als Sohn eines Buchhalters geboren, wuchs Herbert Baum in Berlin auf und war bereits mit dreizehn Jahren Mitglied der Roten Falken, einer Jugendorganisation der SPD. Als fünfzehnjähriger trat er in die Deutsch-Jüdische Jugendgemeinschaft ein. 1931 wurde er Mitglied des Kommunistischen Jugendverbandes (KJVD); 1934/35 war er Organisationsleiter des KJVD-Unterbezirks Süd-Ost. Nach 1933 pflegte Baum enge Beziehungen zum Bund deutsch-jüdischer Jugend. Im Anschluss an seine Elektrikerlehre besuchte er Abendkurse zur Vorbereitung auf den Beruf des Elektroingenieurs, bis ihm 1935 aufgrund seiner jüdischen Herkunft die weitere Teilnahme verboten wurde.

Er arbeitete als Elektriker, seit 1940 war er als Zwangsarbeiter im Elektromotorenwerk der Siemens & Schuckert AG eingesetzt. Zu dieser Zeit standen Herbert Baum und seine Frau Marianne schon mehrere Jahre lang im Mittelpunkt einer Gruppe, die aus jungen Kommunisten überwiegend jüdischer Herkunft sowie aus ehemaligen Mitgliedern der 1938 verbotenen jüdischen Jugendbewegung bestand. Dem Kreis gehörten besonders viele Mädchen und Frauen an. Zu seinen Aktivitäten zählte das Herstellen und Verbreiten von Flugschriften, die die Bevölkerung zur Auflehnung gegen das nationalsozialistische Regime aufriefen.

Am 8. Mai 1942 wurde im Berliner Lustgarten in drei Zelthallen auf mehreren tausend Quadratmetern Fläche die antisowjetische Wanderausstellung »Das Sowjetparadies« eröffnet. In aufwändigen Inszenierungen, Nachbauten, mit großformatigen Grafiken, Fotos, Wandgemälden und Originalstücken präsentierte das Reichspropagandaministerium den Besuchern die Sowjetunion als ein Land des Untergangs und der Verwahrlosung und hetzte gegen »slawische Untermenschen« sowie »jüdische Bolschewisten«. Der Brandanschlag war unter den wenigen Eingeweihten umstritten; manche lehnten eine solche Aktion aus pazifistischer Überzeugung ab. An dem Anschlag beteiligten sich schließlich Herbert und Marianne Baum und einige weitere Mitglieder der Gruppe sowie Angehörige eines anderen kommunistischen Widerstandskreises um Joachim Franke, Werner Steinbrink und Hildegard Jadamowitz. Die Aktion war zunächst für den 17. Mai geplant. Angesichts des großen Besucherandrangs an diesem Sonntagnachmittag beschloss man jedoch kurzfristig, das Vorhaben um einen Tag zu verschieben. Am nächsten Abend trafen sich die Beteiligten wieder. Es gelang ihnen, unbemerkt kleine Behälter mit einer entzündbaren Flüssigkeit zu deponieren und zu entkommen. Das Feuer wurde allerdings schnell gelöscht, seine Spuren beseitigt, die Ausstellung am nächsten Tag wieder geöffnet. Vier Tage später kam es zu den ersten Verhaftungen.

Herbert Baums Grabstätte, ein Ehrengrab, befindet sich auf dem Jüdischen Friedhof Weißensee.

Der Protest der Frauen in der Rosenstraße

Zwischen den Hochhäusern an der Spandauer Straße und der Karl-Liebknecht-Straße unweit des Alexanderplatzes steht seit 1995 das Denkmal »Block der Frauen« der Berliner Bildhauerin Ingeborg Hunzinger. Hier, in der Rosenstraße 2–4, befand sich früher die Sozialverwaltung der Jüdischen Gemeinde. Vor diesem Haus protestierten Anfang März 1943 einige hundert nichtjüdische Menschen, vor allem Frauen, gegen die Inhaftierung ihrer jüdischen Angehörigen. Im Zuge der »Fabrik-Aktion« hatte die Gestapo Ende Februar etwa 1700 Juden, die in so genannten Mischehen lebten oder aus solchen hervorgegangen waren, an ihren Arbeitsstätten festgenommen und hielt sie im Gebäude der Jüdischen Gemeinde gefangen.

Verkehrsverbindung
S3, S5, S7, S9, S75, Tram 13, 15, 53 bis Hackescher Markt; Tram 1 bis 6, Bus 100, 142, 143, 148, 200, 348 bis Spandauer Straße

»Gebt uns unsere Männer wieder!« Mit diesem Ausruf versammelten sich etwa 150 nichtjüdische Frauen am Abend des 27. Februars 1943 vor dem Haus in der Rosenstraße. In den nächsten Tagen wurden es immer mehr. »Ich schätzte die Zahl damals auf 1000«, erinnert sich Charlotte Israel, eine der Teilnehmerinnen. »Die Demonstration wuchs von Tag zu Tag. Ich ging jeden Tag hin, und vom Bahnhof Börse [heute S-Bahnhof Hackescher Markt] hörte man schon das Schreien. Die Lage vor dem Sammellager spitzte sich zu. Die SS richtete Maschinengewehre auf uns: ›Wenn Sie jetzt nicht gehen, schießen wir!‹ Nun war uns alles egal. Wir brüllten: ›Ihr Mörder!‹ [...] Dann geschah etwas Unerwartetes: Die Maschinengewehre wurden abgeräumt. Vor dem Lager herrschte jetzt Schweigen, nur noch vereinzeltes Schluchzen war zu hören. Mir selbst sind bei der Eiseskälte damals die Tränen im Gesicht gefroren.«

Rund 27 000 Juden lebten zu diesem Zeitpunkt noch in Berlin. Die Zwangsarbeit in der Rüstungsindustrie hatte etwa 11 000 von ihnen und ihre Angehörigen bis dahin vor der Deportation bewahrt. Aber auch dieser Umstand konnte sie schließlich nicht mehr länger schützen. Propagandaminister Joseph Goebbels' erklärtes Ziel war es, Berlin als erste Stadt »gänzlich judenfrei« zu machen. Mit der »Schlussaktion Berliner Juden« oder »Fabrik-Aktion« bereitete das Reichssicherheitshauptamt alles dafür vor, um die jüdischen Einwohner auf einen Schlag »endgültig aus Berlin hinauszuschaffen«. In den frühen Morgenstunden des 27. Februars 1943 stürmten SS- und Gestapomänner die Fabriken, verhafteten die jüdischen Zwangsarbeiter, stießen sie brutal auf Lastwagen und transportierten sie in die Sammellager. Die Gestapo nahm außerdem tausende Juden in ihren Wohnungen und auf der Straße fest. Nur wenige Tage später setzte eine ungeheure Deportationswelle ein. Fast 8000 Menschen wurden Anfang März aus Berlin in das Vernichtungslager Auschwitz transportiert.

Unter den Festgenommenen befanden sich etwa 1700 Juden aus »Mischehen« und so genannte Mischlinge. Sie sollten offenbar – wie neuere Forschungsergebnisse belegen – zu diesem Zeitpunkt nicht deportiert, sondern registriert werden, um fortan in Zwangseinsätzen schwere Handarbeiten zu verrichten. Getrennt von den anderen jüdischen Zwangsarbeitern wurden sie in die Rosenstraße gebracht und in der Sozialverwaltung der Jüdischen

Gemeinde festgehalten. Es handelte sich hauptsächlich um jüdische Männer nichtjüdischer deutscher Frauen. Aber auch Mädchen und Frauen waren unter den Inhaftierten. Es erwarteten sie Haftzustände wie in den Konzentrationslagern. Der jüdische Fabrikarbeiter Siegfried Cohn erinnert sich: »In der Rosenstraße werden wir auf Zimmer verteilt und zwar so, dass man beim Schlafen so dicht gedrängt, wie Sardinen in einer Büchse zusammenliegt. [...] In dem Raum, in dem etwa vierzig bis fünfzig Menschen schlafen sollen, sind vielleicht zehn Strohsäcke, sodass die Mehrzahl der Insassen auf der blanken Erde liegen müssen.«

Schon wenige Stunden nach Beginn der »Fabrik-Aktion« versammelten sich vor dem Gebäude einige Menschen, überwiegend Frauen, zu einer spontanen Protestkundgebung, die in den darauf folgenden Tagen zu einer Großdemonstration anwuchs. Erst allmählich sprach es sich unter den nichtjüdischen Angehörigen der Verhafteten herum, dass ihre Ehepartner oder Kinder in der Rosenstraße festgehalten wurden. Viele erfuhren erst nach Stunden, durch langwierige Erkundigungen in der Nachbarschaft, in Geschäften, auf Polizeirevieren oder anderen Behörden, was geschehen war. Eine Woche lang hielten an die tausend Menschen den Protest Tag und Nacht aufrecht. Nachdem die Gestapo mehrfach versucht hatte, die Menge auseinander zu treiben, erteilte das Regime am 6. März den Befehl, die Juden aus »Mischehen« und die »Mischlinge« freizulassen. Der spontane Widerstand der Angehörigen war zwar nicht allein ausschlaggebend für die Freilassung der Inhaftierten, hatte sie aber zweifellos mit in Gang gesetzt und beschleunigt. Der Vorsitzende der deutschen Bischofskonferenz, Kardinal Adolf Bertram, hatte ein Protestschreiben an die Regierung gerichtet. Hinzukam, dass einige Industrieverbände nicht auf die jüdischen Zwangsarbeiter verzichten wollten. Die Machthaber mussten befürchten, dass sich der Unmut ausbreitete. Die NS-Regierung selbst war in der Frage, was mit in »Mischehen« lebenden Juden geschehen sollte, gespalten. Am 11. März 1943 notierte Goebbels in seinem Tagebuch: »Die Evakuierung der Juden aus Berlin hat doch zu manchen Misshelligkeiten geführt. Leider sind dabei auch die Juden und Jüdinnen aus privilegierten Ehen zuerst mit verhaftet worden, was zu großer Angst und Verwirrung geführt hat.«

25 Männer aus der Rosenstraße hatte die Gestapo allerdings doch nach Auschwitz deportiert. Bis auf einen wurden sie zwölf Tage nach ihrer Einlieferung nach Berlin zurückgeschickt. Damit sie nicht berichten konnten, was sie gesehen hatten, mussten sie jedoch weiterhin in Haft bleiben. Man beschuldigte sie der Spionage und brachte sie in das Arbeitslager Großbeeren. Im Januar 1945 befahl das Reichssicherheitshauptamt schließlich, alle Juden, die in »Mischehen« lebten, zu deportieren. Kurz darauf wurden 1600 Betroffene aus verschiedenen Städten Deutschlands nach Theresienstadt verschleppt.

Über zwei Jahrhunderte lang stand in der Heidereutergasse, nahe der Rosenstraße, die älteste Synagoge der Stadt – sie war einst das Zentrum jüdischen Lebens in Berlin. Die Synagoge und die meisten der umliegenden Gebäude, auch das benachbarte Haus der Jüdischen Gemeinde, wurden im Zweiten Weltkrieg schwer beschädigt, die letzten Ruinen in den 1960er-Jahren abgetragen.

Fast zehn Jahre lang arbeitete Ingeborg Hunzinger an dem Denkmal, das sie aus eigener Initiative begann. 1915 geboren, flüchtete sie 1939 mit ihrer Familie aus Berlin nach Italien. Auch ihre Eltern lebten in einer »Mischehe«. 1988 wurde die Umsetzung ihres Entwurfs vom DDR-Kulturministerium genehmigt. Später übernahm der Berliner Senat den Auftrag. Der »Block der Frauen« besteht aus sechs Skulpturen. Es dominieren drei über zwei Meter hohe Vulkansteinblöcke, auf denen Szenen der Trennung, Gefangenschaft und Qual abgebildet sind. Zwei Litfasssäulen am Anfang und am Ende der kurzen Straße informieren über die Ereignisse im Februar und März 1943.

Museum Blindenwerkstatt Otto Weidt

Im Hinterhof des Gebäudes Rosenthaler Straße 39 in Mitte betrieb der Bürstenmacher Otto Weidt Anfang der 1940er-Jahre eine Besen- und Bürstenbinderei, in der er etwa dreißig jüdische Blinde und Gehörlose beschäftigte. Weidt, der selbst fast vollkommen erblindet war, setzte sich auf vielfältige Weise dafür ein, seine Angestellten vor Diskriminierung, Verfolgung und Deportation zu bewahren. In drei nahezu unverändert erhalten gebliebenen Räumen der ehemaligen Werkstatt ist seit 1999 die Ausstellung »Blindes Vertrauen« zu sehen. Vor der Hofeinfahrt erinnert eine in den Boden eingelassene Gedenktafel an Weidts selbstlosen Einsatz.

Museum Blindenwerkstatt Otto Weidt
Rosenthaler Straße 39
10178 Berlin
Tel. 28 59 94 07
www.blindes-vertrauen.de

Öffnungszeiten
Montag bis Freitag
12 bis 20 Uhr,
Samstag und Sonntag
11 bis 20 Uhr.

Das Museum bietet Führungen, insbesondere für Schulklassen, an sowie einen Stadtrundgang zu Orten in der Umgebung, die in einem unmittelbaren Zusammenhang mit der Blindenwerkstatt standen.

Im selben Gebäude wie das Museum Blindenwerkstatt befindet sich das Anne Frank Zentrum, die deutsche Partnerorganisation des Anne Frank Hauses in Amsterdam. Es hat dieselben Öffnungszeiten wie das Museum.

Verkehrsverbindung
S3, S5, S7, S9, S75,
Tram 1 bis 6, 13, 15, 53
bis Hackescher Markt

»Im Seitenflügel des Hinterhauses stieg ich eine wackelige Holztreppe hinauf und trat in einen kärglich eingerichteten Büroraum. Dort sah ich Weidt, schlank, ja eigentlich hager. Er hielt sich sehr aufrecht, seine großen Hände wie tastend vorgestreckt, über dem zerfurchten Gesicht glattes, farbloses Haar, das er oft nervös zurückstrich. Seine blauen Augen waren fahl. Dennoch hatte ich den Eindruck, als sähe er mich durchdringend an. Otto Weidt war nahezu völlig blind. Er konnte nur Konturen erkennen [...]« Für die Journalistin und Schriftstellerin Inge Deutschkron, die sich in ihrem autobiografischen Bericht »Ich trug den gelben Stern« so genau an ihn erinnert, wie für seine anderen jüdischen Angestellten war Otto Weidt mehr als nur ein Arbeitgeber. Er tat alles, um sie vor der Deportation und dem Tod zu schützen.

Am Hackeschen Markt setzten bald nach der Wende 1989 umfassende Sanierungsmaßnahmen ein. Wenige Schritte von den eindrucksvoll restaurierten Hackeschen Höfen entfernt, nur eine Hofeinfahrt weiter, bietet sich jedoch ein ganz anderes Bild. Die enge, dunkle Durchfahrt des Hauses Nummer 39 gibt den Blick in einen lang gestreckten schmalen Hof und auf ein brüchiges graues Hinterhaus frei. In dem ehemaligen Gewerbehof verebbt der Lärm der Großstadt und das Rattern der »Elektrischen«, die heute noch wie damals durch die Spandauer Vorstadt fährt.

Seit Oktober 1941 fand das deutsche Arbeitsrecht keine Anwendung mehr auf Juden; jüdische Arbeitslose wurden schon seit Ende 1938 zur Zwangsarbeit herangezogen. Otto Weidt setzte sich über die diskriminierenden Gesetze hinweg und stellte weiterhin Juden auch für die Büroarbeit ein – ein riskantes Unterfangen, das geschickte Schachzüge erforderte. Immer wieder musste er Gestapo-Beamten bestechen, Ermittlungen verhindern, Spitzel erkennen, Razzien überstehen. Die meisten der Angestellten, die zwischen 1941 und 1943 in seinem als »wehrwichtig« eingestuften Betrieb arbeiteten, lebten im Blindenheim Steglitz und wurden jeden Tag von ihren sehenden Angehörigen gebracht. Weidt versorgte sie mit Lebensmitteln und verhalf ihnen mit gefälschten Papieren zu einer neuen Identität. Immer wieder bat er Freunde und Bekannte, Menschen aufzunehmen. Als die Gestapo Ende 1942 die Blinden und Gehörlosen aus der Werkstatt holte und sie in einem Möbelwagen in das Sammellager in der Großen Hamburger Straße transportierte, machte sich

Otto Weidt sofort auf den Weg. Durch Bestechung gelang es ihm, seine Angestellten noch am selben Tag zurückzuholen. Im Zuge der »Fabrik-Aktion« im Februar 1943 wurden sie jedoch erneut verhaftet und in die Vernichtungslager deportiert.

Nur wenige überlebten. Seine Mitarbeiterin und enge Vertraute Alice Licht versteckte Weidt zusammen mit ihren Eltern in einem angemieteten Laden in der heutigen Heinrich-Heine-Straße. Ihr Unterschlupf wurde jedoch verraten. Die Gestapo verhaftete die Familie und deportierte sie erst nach Theresienstadt, später nach Auschwitz. Obwohl es für Weidt immer schwieriger wurde zu helfen, gab er nicht auf. Er reiste sogar nach Auschwitz; als Vorwand bot er dem Konzentrationslager Besen und Bürsten zum Kauf an. Alice Licht war inzwischen in das Lager Christianstadt gebracht worden. Auch dorthin folgte ihr Weidt, und tatsächlich gelang ihr mit seiner Hilfe im Januar 1945 die Flucht. Nach Kriegsende unterstützte er bis zu seinem Tod im Dezember 1947 den Aufbau eines jüdischen Waisenhauses und Altersheims für Überlebende der Konzentrationslager in Berlin-Niederschönhausen.

Weder in der Bundesrepublik noch in der DDR gedachte man in den Nachkriegsjahrzehnten Otto Weidts, den die in den 1950er-Jahren gegründete Gedenkstätte Yad Vashem in Jerusalem schon sehr früh als »Gerechten der Völker« ehrte. Erst Inge Deutschkron, die für einen Großteil der Büroarbeit in der Blindenwerkstatt verantwortlich war und unter anderem mit Weidts Beistand den Nationalsozialismus in verschiedenen Verstecken in Berlin überlebte, rief den couragierten Unternehmer Ende der 1970er-Jahre mit ihrem autobiografischen Bericht »Ich trug den gelben Stern« in Erinnerung. Unter dem Titel »Ab heute heißt du Sara« brachte das Berliner Grips-Theater ihre Geschichte 1988 auf die Bühne und regte damit insbesondere unter Kindern und Jugendlichen eine Auseinandersetzung mit dem Thema Zivilcourage und mit dem Schicksal der Berliner Juden an. Inge Deutschkron, die sich bereits zu DDR-Zeiten an den Ostberliner Magistrat gewendet hatte, um Otto Weidt in der Rosenthaler Straße ein Zeichen der Erinnerung zu setzen, erwirkte 1993 eine erste Gedenktafel, die von vielen jedoch nicht wahrgenommen wurde. 1999 wurde sie durch eine Bronzetafel im Boden der Hofeinfahrt ausgetauscht.

Ende der 1990er-Jahre machten sechs Studentinnen und Studenten des Studiengangs Museumskunde an der Fachhochschule für Technik und Wirtschaft Teile der Besen- und Bürstenbinderei wieder zugänglich und konzipierten unter dem Motto »Blindes Vertrauen – Versteckt am Hackeschen Markt 1941–1943« eine Ausstellung, die anhand persönlicher Dokumente wie Briefe und Fotos die Ereignisse darstellt, die sich in der Werkstatt zutrugen. Ein kleiner Hinterraum, in dem Otto Weidt seinen Angestellten Chaim Horn und seine Familie versteckte, ist im Originalzustand erhalten. Der Verein Schwarzenberg e.V., der die beiden hinteren Höfe Mitte der 1990er-Jahre angemietet hatte, stellte die Räume zur Verfügung. Auf Initiative der Bundesregierung und des Zentralrats der Juden in Deutschland wurde die ehemalige Blindenwerksatt im Januar 2001 eine Dependance des Jüdischen Museums Berlin. Der Erhalt der Ausstellung war damit dauerhaft gesichert. Der im Jahr zuvor gegründete Förderverein Blindes Vertrauen e.V. organisiert regelmäßig Wechselausstellungen und Veranstaltungen wie Zeitzeugengespräche und Lesungen.

Seit 1994 ist das Grab von Otto Weidt auf dem Zehlendorfer Friedhof Onkel-Tom-Straße ein Ehrengrab.

Sammellager Große Hamburger Straße

Im Sommer 1942 machten die Nationalsozialisten aus der Jüdischen Knabenschule und dem benachbarten Jüdischen Altersheim in der Großen Hamburger Straße in Mitte eines der größten Sammellager der Stadt. Zehntausende Juden wurden von hier aus in die Vernichtungslager deportiert. Auf dem Gelände des Altersheims, das Anfang 1945 bei einem Bombenangriff zerstört wurde, erinnern eine Skulptur des Bildhauers Will Lammert und ein Gedenkstein an die insgesamt über 50 000 Berliner Juden, die dem organisierten Massenmord der Nationalsozialisten zum Opfer fielen. In unmittelbarer Nähe befindet sich der älteste jüdische Friedhof der Stadt, der 1943 von der Gestapo verwüstet wurde.

Verkehrsverbindung
S3, S5, S7, S9, S75,
Tram 1 bis 6, 13, 15, 53
bis Hackescher Markt
(drei Minuten Fußweg)

Die Große Hamburger Straße ist eine kleine, ruhige Straße; sie liegt am Rand des früheren Scheunenviertels. Mitte des 17. Jahrhunderts wurde hier der erste jüdische Friedhof in Berlin angelegt. Rund 150 Jahre später errichtete die Jüdische Gemeinde vor dem Friedhofsgelände ein Altersheim. Daneben entstand 1905/06 das neue Gebäude der Jüdischen Knabenschule (Große Hamburger Straße Nr. 27). Über dem Portal ist die originale Inschrift erhalten. Nur ein paar Schritte entfernt befindet sich die 1713 eingeweihte evangelische Sophienkirche (Nr. 29–31). Der 1732 bis 1734 errichtete Turm ist der einzige erhaltene barocke Kirchturm der Stadt. Schräg gegenüber der Kirche liegt das 1854 eröffnete St.-Hedwig-Krankenhaus (Nr. 5–11), das erste katholische Krankenhaus Berlins. Das Nebeneinander jüdischer, evangelischer und katholischer Einrichtungen auf engem Raum trug der Straße den Namen »Toleranzstraße« ein.

Am Gebäude der Jüdischen Knabenschule erinnern seit 1983 eine Gedenktafel und ein Porträtrelief von Gerhard Thieme an den Philosophen Moses Mendelssohn, der 1778 die Gründung der ersten modernen jüdischen Schule in Berlin anregte. Eine 1909 im Vorgarten aufgestellte Mendelssohn-Büste von Rudolf Marcuse wurde 1941 von SA-Angehörigen zerstört. Seit 1923 war die Knabenschule eine öffentliche Mittelschule mit neun Klassen. Nach der Zusammenlegung mit einer Mädchen-Mittelschule 1931 zählte sie fast fünfhundert Schülerinnen und Schüler. Nachdem jüdische Kinder und Jugendliche seit Sommer 1933 aus den allgemeinen Schulen ausgeschlossen wurden, gingen die Schülerzahlen in der Großen Hamburger Straße schlagartig in die Höhe. 1934 waren es über tausend. Dann nahm die Zahl rapide ab. Die Familien mussten flüchten, tauchten in den Untergrund ab, wurden verfolgt, ermordet. Im Frühjahr 1939 kamen nur noch etwa 380 Schüler. Zu den ungeheuren organisatorischen Schwierigkeiten, unter denen der Schulbetrieb zu leiden hatte, kamen die zahllosen judenfeindlichen Verordnungen des NS-Regimes hinzu. 1938 beschlagnahmten die Nationalsozialisten den jüdischen Sportplatz im Grunewald sowie sämtliche jüdische Kindererholungsheime. Auf Weisung des Reichssicherheitshauptamtes musste auch das Grundstück in der Großen Hamburger Straße im April 1942 geräumt werden. Am 30. Juni wurde die Schule geschlossen und von den Nationalsozialisten zum Sammellager für jüdische Einwohner Berlins zweckentfremdet. Für viele tausend

von ihnen wurde dieser Ort zur Durchgangsstation auf dem Weg in die Vernichtung. Auch der letzte Schulleiter, Georg Feige, kam im KZ Theresienstadt ums Leben.

Wenige Wochen später drangen die Nationalsozialisten auch in das benachbarte Altersheim ein. Es war der 23. Mai 1942, der zweite Tag des Wochenfestes. Der Rabbiner Martin Riesenburger, der seit 1933 als Seelsorger in diesem Haus wirkte, hielt gerade einen Gottesdienst in der Synagoge im Mittelbau des Altersheims, als er den Befehl zur Räumung erhielt: »In das Gebäude zog nunmehr die Gestapo ein, und so wurde dieses Haus das berüchtigte ›Judenlager‹. An dieser Stätte, die einmal im Jahre 1829 von der Jüdischen Gemeinde für die Erhaltung des Lebens errichtet worden war, wurden nun tausende jüdische Menschen zur Vorbereitung für Vernichtung und Tod eingelagert. Das Gebäude wurde gefängnisartig mit Gittern und Posten auf der Straße und am Portal versehen, und an der Vorder- und Hinterfront brachte man große Scheinwerfer an, um jedes Entfliehen in der Nacht zu verhindern. Zusammengepfercht wie Vieh, liegend auf dem Fußboden, mussten dort Alte und Junge, Männer, Frauen, Kinder und auch Säuglinge dem Augenblick ihres endgültigen barbarischen Abtransports entgegensehen.«

Es gab kaum ein jüdisches Schicksal in Berlin, das nicht mit einem der beiden zentralen Sammellager in der Großen Hamburger Straße und in der Levetzowstraße in Moabit in Berührung gekommen ist. In Erinnerungen von Überlebenden tauchen sie immer wieder auf. Auch der Musiker Konrad Latte, der 1953 das Berliner Barockorchester gründete und es viele Jahre leitete, wurde in die Große Hamburger Straße verschleppt. Er schaffte es jedoch, zusammen mit einem Mithäftling während eines britischen Tieffliegerangriffs zu fliehen. Aufgrund eines sorgfältig durchdachten Fluchtplans gelang es ihnen, »über die Mauern des jüdischen Friedhofs hinter der Sammelstelle zu flüchten und sich in Richtung Hackesche Höfe abzusetzen. Kaum hatten sie die Straße erreicht, wünschten sie einander Glück und trennten sich [...] Konrad zog das verhasste Abzeichen mit dem Hakenkreuz hervor, das er während der ganzen Haftzeit wie ein Talisman gehütet hatte, und heftete es an seinen Jackenkragen.« Doch die Erleichterung darüber, Deportation und Ermordung entgangen zu sein, galt nur für den Augenblick. Viele, denen die

Flucht zunächst gelang, wurden erneut entdeckt, verhaftet und deportiert. Diejenigen, die sich versteckten, waren auf die Hilfsbereitschaft ihrer Mitmenschen angewiesen. Sie mussten andere ins Vertrauen ziehen, immer in dem Bewusstsein, das lebensgefährliche Risiko einzugehen, an einen Denunzianten zu geraten. Meist waren sie gezwungen, in kurzen Zeitabständen ihre Unterkünfte zu wechseln. Konrad Latte hatte etwa fünfzig Helfer, die ihn in den beiden letzten Jahren der NS-Diktatur versteckten.

Das Altersheim wurde im Krieg zerstört, die Ruine später abgetragen. An seiner Stelle steht seit 1985 eine Bronzeskulptur, eine Gruppe von Frauen und Mädchen, die der Bildhauer Will Lammert ursprünglich für die Mahn- und Gedenkstätte Ravensbrück entworfen hatte. Als er 1957 starb, hinterließ er diese Arbeit unvollendet. Mitte der 1980er-Jahre goss sein Sohn Marc Lammert dreizehn der ursprünglich fünfzehn Figuren in Bronze und kombinierte sie nach einer gestalterischen Grundidee von John Heartfield zu einer keilförmig angeordneten Gruppe. An das Altersheim und die Deportation und Ermordung der Berliner Juden erinnert außerdem ein Gedenkstein, den der Ostberliner Magistrat 1987 neben der Figurengruppe aufstellen ließ.

Hinter der Skulptur liegt das Gelände des ältesten jüdischen Friedhofs von Berlin. Heute ist dieser Ort eine zurückhaltend gestaltete Grünanlage. Würde nicht eine Informationstafel von seiner Geschichte erzählen, wäre nicht zu ahnen, dass sich hier einst tausende von Grabstätten befanden. 1672 eingeweiht, wurden hier in den folgenden 155 Jahren mehr als 10 000 Menschen begraben, darunter Moses Mendelssohn; er starb 1786. Nach der Schließung des Friedhofs 1827 nutzten ihn die Bewohner des benachbarten neuen Jüdischen Altersheims als Park. 1880 wurde ein großer Teil der verwitterten und abgesackten Grabsteine restauriert und wieder aufgerichtet. Den schlichten Stein auf der Grabstätte von Moses Mendelssohn ersetzte man durch einen größeren und umzäunte ihn mit einem Eisengitter. 1943 wurde der Friedhof von den Nationalsozialisten vollständig verwüstet. Quer durch die Anlage ließ die Gestapo einen Splittergraben ausheben und mit Grabsteinen abstützen, die Gebeine warfen sie beiseite. Das zerstörte Gelände machten sie zum Gefängnishof des Sammellagers nebenan. Während der letzten Kriegswochen

wurden hier fast 2500 Tote in Massengräbern verscharrt. 1948 ließ die Jüdische Gemeinde an der südlichen Friedhofsmauer eine Gedenktafel anbringen. Fünfzehn in diese Mauer eingelassene Grabsteine, die zu den ältesten des Friedhofs gehörten, sind die einzigen, die übrig geblieben waren. Ende 1989 wurden sie entfernt und auf dem Friedhof Weißensee eingelagert, um sie vor weiterer Verwitterung zu schützen. Vor der Mauer stehen noch ein paar Überreste. Das einzige nachgebildete Grabmal ist das von Moses Mendelssohn. Als Vorlage diente ein Kupferstich von Wilhelm Chodowiecki aus dem Jahr 1789.

In dem Gebäude der jüdischen Schule wurde zu DDR-Zeiten eine Berufsschule für Industriekaufleute eingerichtet. Im Jahr 1991 erhielt die Jüdische Gemeinde das Haus zurück. Es wurde zunächst als Grundschule genutzt, seit August 1993 befindet sich hier das Jüdische Gymnasium mit einem Realschulzweig.

Der verlassene Raum und *The Missing House*

»Der verlassene Raum« auf dem Koppenplatz in Mitte erinnert an die gewaltsame Vertreibung der Berliner Juden, die für zehntausende von ihnen mit der Ermordung in den Konzentrations- und Vernichtungslagern endete. Mit dem Kunstwerk gewannen der Bildhauer Karl Biedermann und die Landschaftsarchitektin Eva Butzmann einen 1988 vom Ostberliner Magistrat ausgeschriebenen Wettbewerb zum 50. Jahrestag des Novemberpogroms. 1996 wurde das Denkmal eingeweiht. Im Innenhof des Gebäudes Koppenplatz 6 weist seit 2001 eine Gedenkwand auf das Schicksal der letzten jüdischen Eigentümerin des Hauses und ihrer Angehörigen hin. Sie wurden in Auschwitz, Sobibor oder Minsk umgebracht. Zum Gedenken an die Opfer des Nationalsozialismus und des Zweiten Weltkrieges gestaltete Christian Boltanski unweit des Koppenplatzes, in der Großen Hamburger Straße, eine Hauswand mit dem Titel »*The Missing House*«.

Die Besichtigung der Gedenkwand im Innenhof Koppenplatz 6 ist zu den Öffnungszeiten der Galerie sphn möglich: Dienstag bis Freitag 14 bis 19 Uhr, Samstag 12 bis 17 Uhr. Terminabsprache für Schulklassen und Führungen unter Tel. 27 59 49 25

Verkehrsverbindung Koppenplatz: U8, Tram 8, 13, 53 bis Rosenthaler Platz; Bus 340
The Missing House: S3, S5, S7, S9, S75, Tram 2 bis 5, 15, 53 bis Hackescher Markt; Tram 1, 6, 13 bis Monbijouplatz

Das Denkmal am Rande der Rasenfläche mitten auf dem Koppenplatz ist ganz aus Bronze. Es deutet ein Zimmer an: Auf einem Parkettfußboden stehen ein großer Tisch und zwei Stühle, einer davon ist umgekippt, so als sei jemand plötzlich hastig aufgesprungen und aus dem Raum gestürzt. »O die Wohnungen des Todes« beginnt ein Zitat aus einem Gedicht von Nelly Sachs, das den Betrachter an den Kanten der Bodenplatte entlang lesend einmal um das Denkmal herumführt. Der 1891 in Berlin geborenen jüdischen Schriftstellerin gelang im Mai 1940 die Flucht nach Stockholm. Dort blieb sie bis zu ihrem Tod 1970. Berühmt als »Dichterin des jüdischen Schicksals« erhielt sie 1965 den Friedenspreis des Deutschen Buchhandels und 1966 gemeinsam mit dem Schriftsteller Samuel Josef Agnon den Nobelpreis für Literatur. Nur einmal noch, im Jahr 1965, hat Nelly Sachs ihre Heimatstadt besucht. 1967 ernannte der Berliner Senat sie zur Ehrenbürgerin. Das Denkmal erinnert an die Vertreibung der Juden aus ihren Wohnungen und Häusern. Ein Klingeln an der Tür konnte das Erscheinen der Gestapo, Verhaftung und Deportation bedeuten. Andere mussten ihre Wohnungen fluchtartig verlassen, um sich ins Exil zu retten.

Wenige Schritte von hier entfernt, im Innenhof des Hauses Koppenplatz 6, ruft eine 9 mal 16 Meter große Gedenkwand die fast vollständige Auslöschung zweier jüdischer Familien durch die Nationalsozialisten in Erinnerung. Die Gestaltung der Wand geht auf eine Privatinitiative der im Haus ansässigen Galerie sphn zurück. Das künstlerische Konzept entwickelte der Maler Christian Stötzner zusammen mit Sven Herrmann und Paul Nunheim. Die Gedenkwand nennt die Namen von sieben Angehörigen der Familien Goldschmidt und Schindler und unter jedem Namen den Geburtsort, das Geburtsdatum und den Todestag. Die Linien eines angedeuteten Buchhaltungsjournals verweisen auf die menschenverachtende bürokratische Sorgfalt, mit der die Nationalsozialisten die systematische Vernichtung der europäischen Juden durchführten. Ein Jahr vor der Machtübernahme der Nationalsozialisten hatte die Berlinerin Ilse Goldschmidt geb. Schindler das Haus am Koppenplatz erworben. Im Mai 1938 wurde sie gezwungen, es zu verkaufen. Mit ihrem Mann Lothar und ihrer siebzehnjährigen Tochter Gabriele gelang ihr im Jahr darauf die Flucht in die Niederlande. Doch während der deutschen Besatzung wurde die Familie nach Auschwitz deportiert, zuerst die Tochter, später die Eltern. Gabriele Goldschmidt wurde am 13. November 1942, ihre Eltern kurz nacheinander Ende 1944 ermordet.

Schätzungsweise 15 000 jüdische Hauseigentümer in der Reichshauptstadt mussten wie Ilse Goldschmidt während der NS-Herrschaft ihren Besitz zwangsverkaufen. Etwa 5000 Berliner Juden wurden wie sie und ihre Angehörigen nach zunächst geglückter Flucht im später von den Nationalsozialisten besetzten Ausland aufgespürt, verfolgt, verschleppt und umgebracht.

Südlich vom Koppenplatz, auf dem Grundstück Große Hamburger Straße 15/16 gegenüber der Jüdischen Schule, entstand 1990 im Rahmen des internationalen Ausstellungsprojekts »Die Endlichkeit der Freiheit« das Denkmal »*The Missing House*« des französischen Künstlers Christian Boltanski. Der 1911 erbaute Häuserblock, nach dem Vorbild barocker Schlossanlagen entworfen, ist nur noch teilweise erhalten. Die beiden symmetrisch angelegten Seitenflügel waren einst durch ein zurückversetztes Haupthaus verbunden. Dieser mittlere Teil der Anlage wurde bei einem der schwersten Bombenangriffe auf Berlin, am 3. Februar 1945, zerstört. Bald nach Ende des Zweiten Weltkriegs begann man, die Reste der Ruine zu beseitigen. An den Brandmauern der Seitenflügel rechts und links sind andeutungsweise noch die einst angrenzenden Stockwerke und Zimmer zu erkennen. An diesen beiden kahlen Wänden ließ Christian Boltanski einige großformatige schwarzweiße Schilder anbringen, die an Traueranzeigen erinnern. Auf der Höhe der verschiedenen Etagen nennen sie die Namen ehemaliger Bewohner, ihre Berufe sowie die Zeit, zu der die Betreffenden in diesem Haus wohnten. Hier lebten zum Beispiel der Holzmakler Seefeld von 1930 bis 1933, die Geflügelhändlerin Budzislawski von 1933 bis 1942, der Angestellte Porteset von 1940 bis 1945 und der Feldwebel Hörchner von 1941 bis 1945. Die Mehrheit der Mieter kam bei dem Bombenangriff ums Leben oder wurde obdachlos. Manche aber hatten das Haus schon vor 1945 verlassen. Aus welchen Gründen, ob freiwillig oder gewaltsam, vertrieben oder deportiert – diese Frage lassen die Tafeln offen.

Über hundert Personen, die einmal in diesem Haus gewohnt haben, konnten Boltanski und seine Mitarbeiter ermitteln. Die Recherche konzentrierte sich im Wesentlichen auf die Jahre vor 1945. Außer in alten Adressbüchern und vor allem in Archiven suchten sie in Deportationslisten und in der »Reichssippenkartei«, sahen Zeitschriften, Zeitungen und Publikationen durch, machten Nachfahren ausfindig und befragten Leute aus der Umgebung. Das gesammelte Material, Schriftstücke, Originalfotos, eigene Fotos, Interviewabschriften usw., bildete den zweiten Teil von Boltanskis Installation. Unter dem Titel *»The Museum«* dokumentierte er die Ergebnisse der Recherchen 1990 in zehn Glasvitrinen auf dem ehemaligen Gelände der Berliner Gewerbeausstellung in Alt-Moabit. Zwei Wochen, nachdem die Vitrinen aufgestellt worden waren, wurden sie von Unbekannten zerstört. Das Kunstwerk *»The Missing House«* stieß allgemein und besonders bei den Anwohnern auf große Zustimmung, deshalb entschloss sich Boltanski, es auch nach Beendigung der Ausstellung dort zu erhalten.

Neue Synagoge

Die Neue Synagoge in der Oranienburger Straße 30 in Mitte wurde zwischen 1859 und 1866 nach dem Entwurf des Berliner Architekten Eduard Knoblauch im maurischen Stil erbaut. Als ein Vorbild diente die Alhambra in Granada. Die Bauausführung übernahm Friedrich August Stüler. Die damals größte Synagoge Deutschlands war jahrzehntelang ein Zentrum des reformierten Judentums. Vor größeren Verwüstungen in der Pogromnacht im November 1938 konnte sie bewahrt werden. Bei einem Bombenangriff 1943 wurde das Gebäude jedoch schwer beschädigt und brannte aus. Mit Gründung der Stiftung »Neue Synagoge Berlin – Centrum Judaicum« begann 1988 der Wiederaufbau des vorderen Gebäudeteils. Seit der Eröffnung 1995 sind in den Räumen der Neuen Synagoge neben einer ständigen auch wechselnde Ausstellungen zu sehen.

Stiftung Neue Synagoge
Berlin – Centrum
Judaicum
Oranienburger Straße
28/30
10117 Berlin
Tel: 880 28-451
www.cjudaicum.de

Öffnungszeiten
Sonntag bis Donnerstag
10 bis 18 Uhr,
Freitag 10 bis 14 Uhr.
Die Kuppel ist vom
1. Oktober bis 31. März
geschlossen.
Führungen
Sonntag 14 und 16 Uhr,
Mittwoch 16 Uhr.

Verkehrsverbindung
S1, S2, S25, S26 bis
Oranienburger Straße;
Tram 1, 6, 13 bis
S Oranienburger Straße

Dass die Neue Synagoge in der Nacht vom 9. November 1938 nicht verwüstet wurde und ihre goldene Kuppel heute wieder weithin sichtbar über den Dächern der Spandauer Vorstadt leuchtet, ist dem Engagement des Polizeioffiziers Wilhelm Krützfeld zu verdanken. In der Pogromnacht hatte es in den Räumen der Synagoge gebrannt. »SA-Leute waren eingedrungen und hatten Feuer gelegt. Doch nicht lange, da erschien der Vorsteher des zuständigen Polizeireviers mit ein paar Mann am Tatort und verjagte die Brandstifter. Mit vorgehaltener Pistole und einem Aktendeckel, in dem sich ein Schriftstück befand, das den bedeutenden Kunst- und Kulturwert des Gebäudes unter polizeilichen Schutz stellte. Gleichzeitig beorderte Krützfeld die Feuerwehr zur Brandstelle. Die kam auch und löschte, was ebenfalls bemerkenswert war angesichts der Situation im Deutschen Reich. Die meisten Feuerwehren standen untätig wie befohlen oder griffen nur ein, wenn die Flammen auf die nichtjüdische Nachbarschaft überzugreifen drohten«, so beschreibt der Berliner Schriftsteller Heinz Knobloch in seinem Buch »Der beherzte Reviervorsteher« die Ereignisse jener Nacht. Für sein entschlossenes Handeln musste Krützfeld, der Vorsteher des Reviers 16, wenig später dem Polizeipräsidenten von Berlin Rede und Antwort stehen. Doch die Vorladung blieb ohne Folgen.

Die Neue Synagoge bot Platz für 3200 Menschen. In ihrer Größe und prachtvollen Architektur mit der weithin strahlenden Kuppel stand sie für das Selbstbewusstsein des jüdischen Bürgertums der Stadt. Nicht nur die Anwesenheit des preußischen Ministerpräsidenten Otto von Bismarck beim feierlichen Einweihungsakt am 5. September 1866 erhob sie zum Symbol der Gleichberechtigung der Berliner Juden. In ihrer Bedeutung als neues Zentrum jüdischen Lebens löste sie die erste Gemeindesynagoge in der Heidereutergasse aus dem Jahr 1714 ab, die eine ähnlich herausragende Stellung innegehabt hatte. Gottesdienste und Gemeindearbeit galten als liberal und reformorientiert. Zu einer wichtigen Voraussetzung für die weitere Entfaltung des Gemeindelebens wurde die Übernahme der 1869 im Norddeutschen Bund gesetzlich geregelten Gleichstellung deutscher Juden in die Reichsverfassung von 1871.

In unmittelbarer Nachbarschaft entstanden in den folgenden Jahrzehnten zahlreiche jüdische Institutionen wie das Baruch-

Auerbachsche Waisenhaus (Oranienburger Straße 38), Ritualbäder und ein Talmud-Verein (Nr. 32, heute Heckmannhöfe). Links von der Synagoge befand sich das 1835 gegründete Hospital (Nr. 31), in das im Januar 1933 das Jüdische Museum einzog. Eine Woche vor der Machtübernahme der Nationalsozialisten eröffnet, musste es nach dem Pogrom am 9. November 1938 geschlossen werden, ein Großteil der Kunst- und Kulturschätze war zerstört worden. 1936 vermochten Museum und Jüdischer Kulturbund noch eine Gedächtnisausstellung für den im Jahr zuvor verstorbenen Maler Max Liebermann auszurichten. Liebermann, der während der Weimarer Republik Berliner Ehrenbürger und Präsident der Preußischen Akademie der Künste gewesen war, wurde inzwischen von offizieller Seite geächtet, seine Bilder aus öffentlichen Sammlungen entfernt. Rechts neben der Neuen Synagoge hatte die Hauptverwaltung der jüdischen Gemeinde ihren Sitz (Nr. 28). Nach dem Novemberpogrom drangen die Nationalsozialisten in das Gebäude ein und beschlagnahmten das Gesamtarchiv der deutschen Juden, das sie in den folgenden Jahren für ihre Verfolgungs- und Vernichtungspolitik missbrauchten. In den Räumlichkeiten der Jüdischen Gemeinde richtete das »Reichssippenamt« seine Abteilung für Juden ein, wertete die Aktenbestände aus und kontrollierte »Ariernachweise« und Stammbäume.

Am 30. März 1940 fand der letzte Gottesdienst in der Synagoge statt, danach besetzte die Wehrmacht das Gebäude und richtete dort ein Textillager ein. Im November 1943 wurde die Synagoge durch Bomben schwer beschädigt. 1958 sprengte man die Ruine des Hauptraums. 1966, hundert Jahre nach der Einweihung, brachte die Jüdische Gemeinde von Ostberlin eine Gedenktafel an der Fassade an, die an die Pogromnacht und die Zerstörung im Krieg erinnert. Im November 1988 – am 50. Jahrestag der Pogromnacht – begann die neugegründete Stiftung Neue Synagoge – Centrum Judaicum mit der Wiederherstellung der zur Straße gelegenen Gebäudeteile, um die Synagoge als Mahnmal zu erhalten. Fehlende Elemente wurden behutsam und erkennbar ergänzt. Die goldene Kuppel konnte in ihrer ursprünglichen Form wieder aufgesetzt werden.

Fünfzig Jahre nach Ende des Zweiten Weltkriegs wurde die Neue Synagoge mit der Dauerausstellung »Tuet auf die Pforten« neu eröffnet. Die Ausstellung gewährt Einblicke in die Geschichte des Hauses und der jüdischen Gemeinde rund um die Oranienburger Straße. Die Neue Synagoge ist eine Begegnungs- und Lernstätte, sie beherbergt ein Archiv und einen kleinen Betsaal. Hinter dem rekonstruierten Teil des Gebäudes, dort, wo sich der eigentliche Synagogenraum befand, ist heute eine Freifläche. Der ehemalige Grundriss des Raumes wird durch Steine markiert. Von der Kuppel aus kann man den reich verzierten Ostturm aus der Nähe betrachten und hat einen Blick auf Berlins historische Mitte.

Denkmal für die ermordeten Juden Europas

Zwischen Brandenburger Tor und Potsdamer Platz entsteht das Denkmal für die ermordeten Juden Europas nach einem Entwurf des New Yorker Architekten Peter Eisenman. Auf einer Fläche von rund 19 000 Quadratmetern wird ein Stelenfeld errichtet, 2700 Betonpfeiler von unterschiedlicher Höhe und Neigung, angeordnet zu einem Raster mit schmalen Durchgängen. Als Ergänzung zum Denkmal ist in der südöstlichen Ecke des Geländes ein unterirdischer »Ort der Information« geplant, der das Ausmaß der nationalsozialistischen Verbrechen in den einzelnen europäischen Ländern verdeutlicht und über die Opfer informiert. Entworfen wurde die Dokumentation von der Berliner Ausstellungsmacherin Dagmar von Wilcken. Im Jahr 2005 soll das Denkmal fertig gestellt sein.

www.holocaust-mahnmal.de

Verkehrsverbindung
S1, S2, S25, S26, Bus 100 bis S Unter den Linden; Bus 200 oder 348 bis Behrenstraße/ Wilhelmstraße

Als der Deutsche Bundestag im Juni 1999 den Bau des Denkmals nach dem Entwurf von Peter Eisenman beschloss, ging damit eine über zehn Jahre kontrovers geführte Diskussion zu Ende. An ihr hatten sich viele Bürger, Politiker, Künstler, Historiker, Denkmalexperten und Journalisten beteiligt. Die Initiative zur Errichtung eines Mahnmals geht auf die Publizistin Lea Rosh zurück, die den Gedanken des Historikers Eberhard Jäckel aufgriff: »In Deutschland gibt es nur Denkmäler für die deutschen, aber nicht für die ermordeten europäischen Juden. Und dabei machten die deutschen zwei Prozent aller Opfer aus, 98 Prozent kamen aus den anderen europäischen Ländern.« Mit ersten Aufrufen der Bürgerinitiative Perspektive Berlin e.V. begannen Rosh und Jäckel im Jahr 1988 ihr Engagement für ein »unübersehbares Mahnmal« für die ermordeten Juden Europas. 1989 wurde der Förderkreis zur Errichtung eines Denkmals für die europäischen Juden gegründet. Unmittelbar nachdem die Initiatoren begonnen hatten, für ihre Idee öffentlich zu werben, kamen auch die ersten Fragen auf, die das Vorhaben in den folgenden Jahren begleiten sollten. Eine Frage, die immer wieder im Mittelpunkt der Diskussion stand, war, ob das Mahnmal auch anderen Opfergruppen der nationalsozialistischen Vernichtungspolitik gewidmet sein solle wie den Sinti und Roma und anderen aus rassistischen Gründen ermordeten Menschen wie den »Euthanasie«-Opfern und den Homosexuellen. »Der Antisemitismus war nicht nur ein Element des Nationalsozialismus, sondern sein Zentrum. In und an den Juden sah er das Ganze: das Ganze der Schäden, des Übels, der Entstellung menschlichen Wesens und menschlicher Gesellschaft, die sein Bild von der Welt bestimmten«, so argumentierte die Philosophin Margherita von Brentano, die sich von Anfang an für das Denkmal engagierte, und Jäckel erklärte: »Wenn eine uralte Tradition so zu Ende gebracht wird, dass mehr als ein Drittel der gesamten jüdischen Weltbevölkerung ermordet wurde, und zwar von Deutschen, dann wird man dafür im Land der Täter ein besonderes Denkmal errichten dürfen.«

1994 schrieben Bundesregierung, Berliner Senat und Förderkreis einen künstlerischen Wettbewerb für das Denkmal aus. Über fünfhundert Entwürfe wurden eingereicht. Da die Jury sich nicht auf einen Entwurf einigen konnte, vergab sie zwei erste Preise an Simon Ungers und an eine Künstlergruppe um Christine Jackob-Marks. Eine Machbarkeitsstudie sollte ermitteln, welcher der Entwürfe unter inhaltlichen und finanziellen Aspekten für die Realisierung empfohlen werden könne. Die Entscheidung für die Gruppe um Jackob-Marks im Sommer 1995 stieß auf heftige Kritik in Fachkreisen und bei führenden Persönlichkeiten des öffentlichen Lebens. Zu den Kritikern zählten Bundeskanzler Helmut Kohl, Ignatz Bubis, der Vorsitzende des Zentralrats der Juden in Deutschland, und Avner Shalev, der Direktor von Yad Vashem. Nach drei internationalen Kolloquien Anfang 1997, an denen Politiker, Historiker, Architekten und Kunstwissenschaftler teilnahmen, wurde die Ausschreibung eines zweiten Wettbewerbs beschlossen. An 25 Künstler erging die Aufforderung, einen neuen Entwurf einzureichen, 19 sagten ihre Beteiligung zu. Vier Vorschläge gelangten im November 1997 in die engere Auswahl – es waren die Entwürfe von Peter Eisenman und Richard Serra, von Gesine Weinmiller, von Jochen Gerz und von Daniel Libeskind. Der Entwurf »Eisenman II«, dessen Realisierung der Bundestag 1999 beschloss, ist eine Überarbeitung des zuerst eingereichten Modells, das ursprünglich 4000 Stelen bis zu einer Höhe von sieben Metern vorsah. Am 27. Januar 2000, dem Gedenktag für die Opfer des Nationalsozialismus, wurde der symbolische Baubeginn feierlich begangen.

Das Denkmalgelände wird westlich von der Ebertstraße und dem Tiergarten begrenzt, nördlich von der Behrenstraße, östlich von den Plattenbauten an der Wilhelmstraße. Südlich endet es hinter den neu errichteten Vertretungen einiger Bundesländer in der Straße In den Ministergärten. Es befindet sich somit auf dem Areal der weiträumigen Gärten, die im 18. Jahrhundert hinter den Adelspalais' an der Wilhelmstraße angelegt worden waren. Als im 19. Jahrhundert Ministerien in die Häuser einzogen, wurden auch die Gartenanlagen als »Ministergärten« neu gestaltet. Entlang der Wilhelmstraße richtete die NS-Regierung in den 1930er-Jahren ihre Machtzentralen ein und lenkte von hier aus ihr europaweites Terrorsystem. Südlich des Denkmalgeländes, entlang der Voßstraße, befanden sich Hitlers Neue Reichskanzlei und der »Führerbunker«. Knapp dreißig Jahre lang lagen die ehemaligen Ministergärten als Teil des Grenzstreifens zwischen West- und Ostberlin. Bei der Enttrümmerung des Geländes 1998 wurden in der nordöstlichen Ecke Überreste des Privatbunkers von Joseph Goebbels freigelegt.

Eisenmans Denkmalsentwurf sieht als Untergrund für das Stelenfeld eine mit Betonsteinen gepflasterte, ungleichmäßig abgesenkte Fläche vor. Die Stelen aus dunklem Beton werden 2,38 Meter breit und 95 Zentimeter tief sein. Ihre Höhe wird bis zu fünf Meter betragen. In dichten Reihen angeordnet, bleiben zwischen den Pfeilern nur schmale Durchgänge. Jeder Besucher soll seinen eigenen Weg durch das Stelenfeld nehmen. Auch wird das Feld keinen zentralen Eingang oder Ausgang haben, sondern nach allen Seiten hin offen und von allen Seiten begehbar sein. Mit Abstand betrachtet, erscheinen die Stelen als eine geordnete, stabile Gesamtheit. Sie sind jedoch leicht geneigt und sollen dadurch – zusammen mit dem unebenen Boden – beim Durchqueren der Reihen ein Gefühl der Verunsicherung erzeugen. »Während man durch das Stelenfeld geht, werden die Schatten des Holocaust gegenwärtig, ohne dass sie bildlich dargestellt werden. Unser Entwurf holt das kollektive und das individuelle Unbewusste in die Wirklichkeit. Es ist provozierend, dem eigenen Unbewussten ins Gesicht zu schauen. Niemand weiß, wie man das macht, und die Menschen fürchten, was sie nicht wissen [...] Unser Vorschlag schafft mitten in der Stadt Berlin eine urbane Leere, und das erzeugt ein Gefühl der Unheimlichkeit, als wäre man ein anderer in der eigenen Stadt. Das Mahnmal deutet auf einen Bruch in der deutschen Geschichte, auf ein Kapitel, das niemals abzuschließen ist, weder in der Stadt Berlin noch im Staat Deutschland noch in jedem einzelnen Deutschen.«

Der unterirdische »Ort der Information« wird sich in vier verschiedene Foyerbereiche und vier gleich große Räume gliedern. Im »Raum der Stille« sollen kurze Texte das Ausmaß der Verbrechen verdeutlichen. Der »Raum der Schicksale« stellt anhand einiger Familiengeschichten jüdische Lebenswelten beispielhaft dar, und zwar vor, während und nach der nationalsozialistischen Terrorherrschaft. Im »Raum der Namen« hört man in unaufhörlicher Folge Namen von Opfern, während ihr Alter und Todesdatum an den Wänden kurz aufleuchten. Die Gedenkstätte Yad Vashem in Jerusalem stellt dazu ihr Archiv mit über drei Millionen bekannten Namen von Opfern des Holocaust und Dokumente, die über ihre Schicksale Auskunft geben, zur Verfügung. Besucher können sie über Computer einsehen. Der »Raum der Orte« schließlich informiert über Stätten der Verbrechen in ganz Europa, über Deportationen, Gettos, Massenerschießungen, Konzentrations- und Vernichtungslager. Der »Ort der Information« dient darüber hinaus als ein Portal zu anderen Gedenkstätten, vor allem zu authentischen Orten der Erinnerung im In- und Ausland, über die ein multimediales Verweissystem informiert.

Denkmal für die ermordeten Sinti und Roma

Zwischen Brandenburger Tor und Reichstagsgebäude, am Rande des Tiergartens, wird ein zentrales Mahnmal der Bundesrepublik für die von den Nationalsozialisten ermordeten Sinti und Roma Europas errichtet werden. Die Zahl der Opfer geht vermutlich in die Hunderttausende. Von Beginn der nationalsozialistischen Herrschaft an wurden die Sinti und Roma systematisch aus der Gesellschaft ausgegrenzt. Nach den »Nürnberger Gesetzen« von 1935 galten sie ebenso wie die Juden als »Fremdrassige«. Etwa zur gleichen Zeit errichteten die Nationalsozialisten die ersten »Zigeunerlager«, die nach Kriegsbeginn als Sammellager für Deportationen in die Vernichtungslager dienten. Auf dem Parkfriedhof Marzahn am Wiesenburger Weg erinnern ein Gedenkstein, eine Marmorplatte und eine Gedenktafel an das »Zigeunerlager« Marzahn.

Verkehrsverbindung
Vorgesehener Bauplatz für das Denkmal für die ermordeten Sinti und Roma:
S1, S2, S25, S26 bis Unter den Linden (drei Minuten Fußweg);
Bus 100 oder 248 bis Reichstag/Bundestag
Parkfriedhof Marzahn am Wiesenburger Weg:
S7, Tram 6, 7, 17, Bus 154, 191, 192, 194, 195, 291 bis S Marzahn

VOM MAI 1936
BIS ZUR
BEFREIUNG
UNSERES VOLKES
DURCH DIE
RUHMREICHE
SOWJETARMEE
LITTEN IN EINEM
ZWANGSLAGER
UNWEIT DIESER STÄTTE
HUNDERTE ANGEHÖRIGE
DER SINTI
EHRE DEN OPFERN

Als der Deutsche Bundestag im Juni 1999 den Bau eines Denkmals für die ermordeten Juden Europas nach dem Entwurf von Peter Eisenman beschloss, legte er zugleich fest, dass auch der anderen Opfer der nationalsozialistischen Vernichtungspolitik, wie der Sinti und Roma, der Homosexuellen und der »Euthanasie«-Opfer angemessen zu gedenken sei. Dass ein Denkmal für die ermordeten Juden andere Opfergruppen ausschließe, war von Beginn an ein Kritikpunkt in der über zehn Jahre geführten Mahnmal-Diskussion gewesen. Im Jahr 2000 beauftragte der Berliner Senat den israelischen Künstler Dani Karavan mit dem Entwurf eines Mahnmals zur Erinnerung an die während der NS-Zeit ermordeten Sinti und Roma. Im Tiergarten, auf einer Lichtung zwischen Simsonweg und Scheidemannstraße, zweihundert Meter vom Südeingang des Reichstagsgebäudes entfernt, wird er einen Brunnen mit einem Durchmesser von etwa dreißig Metern errichten.

Jahrzehntelang fand die Vernichtung der Sinti und Roma im »Dritten Reich« in der politischen Öffentlichkeit wie auch in der Geschichtsschreibung kaum Beachtung. Doch die Überlebenden und ihre Nachkommen, seit Ende der 1970er-Jahre von der »Gesellschaft für bedrohte Völker« unterstützt, haben es schließlich erreicht, dass die nationalsozialistischen Verbrechen an den Sinti und Roma heute einen festen Platz im historischen Bewusstsein einnehmen. In der Bundesrepublik erkannte erst Bundeskanzler Helmut Schmidt 1982 die NS-Verbrechen an den Sinti und Roma als Völkermord an. Im selben Jahr gründete Romani Rose in Heidelberg den Zentralrat Deutscher Sinti und Roma, der seit 1983 staatliche finanzielle Unterstützung erhält.

Schon während des Kaiserreichs und der Weimarer Republik hatte es rechtliche Grundlagen für die Diskriminierung von Sinti und Roma gegeben. Anfang des 20. Jahrhunderts versuchte die so genannte Zigeunerforschung, den Sinti und Roma »kriminalbiologische« Erbanlagen nachzuweisen. Im »Dritten Reich« allerdings erreichte die Verfolgung eine neue Dimension. Seit Beginn der nationalsozialistischen Herrschaft wurden die deutschen Sinti und Roma systematisch ausgegrenzt und entrechtet. Das »Gesetz zur Wiederherstellung des Berufsbeamtentums« vom 7. April 1933, demzufolge Beamte »nicht arischer Abstammung« ab sofort in den Ruhestand versetzt oder entlassen werden konn-

ten, traf die Sinti und Roma ebenso wie die Juden. Wie die jüdische Bevölkerung galten sie seit den »Nürnberger Gesetzen« als »Artfremde« und »rassisch minderwertig«. Mitte der 1930er-Jahre wurden die ersten Zwangslager für Sinti und Roma eingerichtet. Die meisten dieser so genannten Zigeunerlager waren eingezäunt und wurden von der SS oder von Polizeikommandos bewacht, die Insassen hatten sich einer strengen Lagerordnung zu beugen. »Arbeitsfähige« Sinti und Roma, darunter auch Frauen und Kinder, wurden von hier aus als Zwangsarbeiter vermittelt. Nach Beginn des Zweiten Weltkriegs dienten die »Zigeunerlager« als Sammelplätze, von denen aus die Menschen in Konzentrations- und Vernichtungslager verschleppt wurden.

Ende 1936 nahm der Tübinger Nervenarzt Robert Ritter im Auftrag des Reichsgesundheitsamts seine Arbeit als Leiter der »Rassenhygienischen und bevölkerungsbiologischen Forschungsstelle« in Dahlem auf. An einer großen Zahl von Sinti und Roma führten Ritter und seine Mitarbeiter pseudowissenschaftliche Untersuchungen durch, um sie nach »rassischen« Kriterien zu erfassen. Am 8. Dezember 1938 befahl der Reichsführer SS und der Polizei, Heinrich Himmler, die »Regelung der Zigeunerfrage aus dem Wesen dieser Rasse heraus in Angriff zu nehmen«. Ritters »Rassegutachten« bildeten die Grundlage für die Deportation und Ermordung tausender Sinti und Roma. Bis 1944 wurden über 24000 solcher Gutachten erstellt. Im Mai 1940 fuhren die ersten Deportationszüge mit Sinti und Roma in das besetzte Polen. Am 16. Dezember 1942 ordnete Himmler durch seinen so genannten Auschwitz-Erlass an, die noch im Reichsgebiet und in den besetzten Ländern Europas lebenden Sinti und Roma »in einer Aktion von wenigen Wochen in ein Konzentrationslager einzuweisen«. Ausgenommen waren die von Ritter so bezeichneten »reinrassigen Zigeuner« im Deutschen Reich. Sie waren nach Himmlers Auffassung »arischer« Herkunft. Die Kriminalpolizei, die den Erlass umzusetzen hatte, setzte sich allerdings zum Teil über diese Anweisung hinweg und ließ auch viele von ihnen deportieren.

In Auschwitz-Birkenau begann man sofort mit der Errichtung des »Zigeunerfamilienlagers«. Von nahezu 23 000 nach Auschwitz verschleppten Sinti und Roma aus fast ganz Europa fanden über 18 000 dort den Tod. Fast die Hälfte von ihnen waren Kinder und Jugendliche. Die meisten Gefangenen fielen den unmenschlichen Lebensbedingungen zum Opfer, sie starben an Hunger, ansteckenden Krankheiten und Misshandlungen durch die SS. Viele wurden zwangssterilisiert oder zu qualvollen medizinischen Experimenten missbraucht und getötet. Im Frühjahr 1943 kam es zu den ersten Massentötungen von Sinti und Roma in Gaskammern. Die letzten von ihnen wurden in der Nacht vom 2. auf den 3. August 1944 durch Gas umgebracht. Etwa 3500 als »arbeitsfähig« eingestufte Sinti und Roma waren zuvor in andere Konzentrationslager verschleppt worden.

Zwischen 1986 und 1991 wurden auf dem Parkfriedhof Marzahn am Wiesenburger Weg ein Gedenkstein, eine Marmorplatte und eine Gedenktafel zur Erinnerung an das »Zigeunerlager« Marzahn aufgestellt. Den Anstoß dazu gab der Schriftsteller Reimar Gilsenbach, der die Geschichte des in Vergessenheit geratenen Lagers erforschte und darauf aufmerksam machte. Es befand sich nördlich des Friedhofs auf einem ehemaligen Rieselfeld, direkt an der Bahnstrecke Marzahn–Werneuchen. Hierher verbannten die Nationalsozialisten im Juli 1936 die ersten sechshundert Sinti und Roma aus dem Berliner Stadtgebiet. Im Monat zuvor hatte Reichsinnenminister Wilhelm Frick den »Runderlass Bekämpfung der Zigeunerplage« unterzeichnet und den Polizeipräsidenten von Berlin beauftragt, einen »Landfahndungstag nach Zigeunern« noch vor Beginn der Olympischen Spiele abzuhalten, das heißt alle nicht sesshaften Sinti und Roma in der Stadt zu verhaften und in das Lager einzuweisen. Die nationalsozialistischen Machthaber wollten dem internationalen Publikum des »Festes der Völker« ein von allen »Schandflecken« befreites Berlin vorführen. Unter Polizeibewachung rollten etwa 130 Wohnwagen zum »Zigeunerrastplatz« in Marzahn – so lautete die offizielle Bezeichnung des Lagers, mit der die Nationalsozialisten über die tatsächlichen Umstände hinwegzutäuschen versuchten. Auch einige der Familien, die einen festen Wohnsitz hatten, mussten damals schon ihre Wohnungen verlassen und in das Zwangslager ziehen. Auf engstem Raum zusammengepfercht lebten die Menschen dort in elenden Verhältnissen. Sie wurden in ausrangierten Baubaracken untergebracht. Viele schliefen unter freiem Himmel, da der Platz nicht ausreichte. Aufgrund der katastrophalen sanitären Verhältnisse und der völlig unzureichenden ärztlichen Versorgung breiteten sich Krankheiten aus; 1939 stellte die »Gesundheitsverwaltung« zahlreiche Fälle von Scharlach, Diphtherie und Tuberkulose fest. Die Zahl der Lagerinsassen lag zu dieser Zeit bei über 850. Viele starben im Lager und sind auf dem Marzahner Friedhof begraben.

Das Lager Marzahn stand unter ständiger Bewachung; die Sinti und Roma waren der Willkür der wachhabenden Polizisten mit ihren Hunden ausgesetzt. Es gab nur wenige Gründe, das Lager mit vorheriger Genehmigung zu verlassen. Dazu zählte die Zwangsarbeit; Jugendliche und Erwachsene wurden als Zwangsarbeiter vor allem in Berliner Fabriken und im Straßenbau verpflichtet. Wer sich nicht an die Anweisungen des »Lagerplatzverwalters« und der Polizei hielt, musste mit »Zwangsmaßnahmen« rechnen, die die Einweisung in ein Konzentrationslager bedeuten konnten. Bei Flucht drohten Repressalien gegen Familienangehörige. Allen Lagerinsassen wurden so genannte Zigeunerausweise ausgestellt, versehen mit einem großen gestempelten »Z« und einem Fingerabdruck neben dem Passbild. Den Kindern war es verboten, Schulen zu besuchen. Eine Zeit lang erhielten sie Unterricht im Lager, der aber 1941 eingestellt wurde. Zutritt zum Gelände hatten nur Mitarbeiter der evangelischen »Zigeunermission« sowie die Mitarbeiter der »Rassenhygienischen Forschungsstelle«.

Anfang März 1943 wurden fast alle Sinti und Roma aus dem Lager Marzahn in das »Zigeunerlager« in Auschwitz-Birkenau deportiert. Die zurückgelassenen Wohnwagen beschlagnahmte die Polizei, schaffte sie weg oder verbrannte sie an Ort und Stelle. Im Lager Marzahn blieben etwa 25 Menschen zurück. Nach einem Bombenangriff stand ihnen nur noch eine einzige Baracke als Unterkunft zur Verfügung, in der sie dem Verhungern nahe vegetierten, bis die Rote Armee sie im April 1945 befreite.

JULIUS ROSEMANN · 1878
KZ BERGEN-BELSEN
· 1893
KPD
KZ SACHSENHAUSEN
· 1881
ERNST
GEORG SCHUMANN
KPD
· 1875 | + 1945 |

Mahnmal für die ermordeten Reichstagsabgeordneten

Vor dem Reichstagsgebäude wurde 1992 zur Scheidemannstraße hin ein Denkmal zur Erinnerung an die von den Nationalsozialisten ermordeten Reichstagsabgeordneten der Weimarer Republik aufgestellt. Es besteht aus 96 dicht nebeneinander angeordneten gusseisernen Tafeln, von denen jede für eines der Opfer steht. Der Entwurf stammt von Dieter Appelt, Klaus W. Eisenlohr, Justus Müller und Christian Zwirner. Im Innern des Reichstagsgebäudes befindet sich eine weitere Gedenkstätte, eine Arbeit von Katharina Sieverding. Im Untergeschoss installierte der Künstler Christian Boltanski das »Archiv der Deutschen Abgeordneten«.

Deutscher Bundestag
Platz der Republik 1
10557 Berlin

Die Gedenkstätte im ersten Stock und das »Archiv der Deutschen Abgeordneten« können Samstag, Sonntag und an Feiertagen um 11.30 Uhr im Rahmen von Führungen zur Kunst im Reichstagsgebäude besichtigt werden. Anmeldung beim Besucherdienst des Deutschen Bundestages, Tel. 227 3-25 48, für Gruppen Tel. 227 3-27 62 (langfristige Anmeldung erforderlich).

Verkehrsverbindung
S1, S2, S25, S26 bis Unter den Linden (drei Minuten Fußweg); Bus 100 oder 248 bis Reichstag/Bundestag

Das Reichstagsgebäude, Sitz des Deutschen Bundestags, gilt heute als Symbol einer demokratischen Volksvertretung. Die neue gläserne Kuppel, die täglich hunderte von Besuchern anzieht, signalisiert Offenheit und Transparenz des deutschen Parlamentarismus. Unter den Nationalsozialisten erlebte das 1888 eingeweihte Gebäude Zeiten jenseits jeder Rechtsstaatlichkeit und Demokratie. Zahlreiche Reichstagsabgeordnete der Weimarer Republik wurden zwischen 1933 und 1945 gewaltsam an der Ausübung ihres Mandats gehindert, verfolgt, verhaftet, ermordet oder ins Exil getrieben. Als knapp vier Wochen nach Hitlers Ernennung zum Reichskanzler das Reichstagsgebäude brannte, nutzten die Nationalsozialisten dieses Ereignis, um die entscheidenden Maßnahmen zur Errichtung der Diktatur in Deutschland einzuleiten. Sie erklärten den Brand zum Startsignal für einen kommunistischen Umsturzversuch. Reichspräsident Paul von Hindenburg erließ am nächsten Tag die »Verordnung zum Schutz von Volk und Staat«, mit der die von der Weimarer Verfassung garantierten Grundrechte außer Kraft gesetzt wurden. Unmittelbar danach nahmen die Nationalsozialisten die Verfolgung politischer Gegner auf. Sie verhafteten tausende Menschen, vor allem KPD-Mitglieder, aber auch Sozialdemokraten und andere ihnen unbequeme Personen, darunter Intellektuelle wie Erich Mühsam und Carl von Ossietzky. Viele von ihnen sperrten sie in spontan eingerichtete »wilde Konzentrationslager«, folterten sie und quälten manche zu Tode. Die Notverordnung, die bis 1945 nicht aufgehoben wurde, setzte den Rechtsstaat außer Kraft und legitimierte den permanenten Ausnahmezustand.

Die parlamentarische Demokratie endete mit der Verabschiedung des »Gesetzes zur Behebung der Not von Volk und Reich«, dem so genannten Ermächtigungsgesetz, am 23. März 1933. Es ermächtigte die Regierung, ohne Zustimmung des Parlaments Gesetze zu erlassen, und bildete die Grundlage für die Diktatur der kommenden zwölf Jahre. Weil der Plenarsaal bei dem Reichstagsbrand zerstört worden war, trat der Reichstag an diesem Tag zum ersten Mal in der Krolloper zusammen. Die KPD war bereits aus dem Parlament ausgeschlossen worden, die Mehrheit der 81 KPD-Abgeordneten verhaftet. Auch 26 Sozialdemokraten befanden sich in Haft oder auf der Flucht. Parteimitglieder wie der Fraktionsvorsitzende Rudolf Breitscheid und der frühere Reichsfinanzminister Rudolf Hilferding blieben der Abstimmung fern, da sie aufgrund ihrer hervorgehobenen politischen Position und ihrer jüdischen Herkunft besonders gefährdet waren. Beide flüchteten noch im März 1933, wurden aber nach der Besetzung Frankreichs von der Gestapo verhaftet. Breitscheid kam 1944 im Konzentrationslager Buchenwald ums Leben, Hilferding starb 1941 in dem Pariser Gestapo-Gefängnis Le Santé. Um Folter und dem wahrscheinlichen Tod zuvorzukommen, hatte er eine Überdosis Schlaftabletten genommen. Im Gefängniskrankenhaus unternahm man nichts, um ihn wieder zu beleben.

Der massive Druck seitens der Nationalsozialisten war überall gegenwärtig. »Vom 22. auf den 23. März randalierten SA und SS in den Straßen Berlins und pöbelten SPD-Angehörige selbst in ihren Hotels an«, erinnert sich der SPD-Abgeordnete Josef Felder. Vor der Plenarsitzung versammelten sich SA-Leute zwischen dem Reichstagsgebäude und der Krolloper und skandierten Sprechchöre: »Wir wollen das Ermächtigungsgesetz, sonst gibt's Zunder! Nieder mit den roten Schuften und Landesverrätern!« Die SPD-Fraktion hatte zuvor eingehend über ihre Haltung zum Ermächtigungsgesetz beraten. Einige Abgeordnete hatten sich dafür ausgesprochen, der Sitzung fernzubleiben, waren damit jedoch auf entschiedenen Widerstand gestoßen: »Ich gehe hinüber, und wenn sie mich in Stücke reißen. Man muss vor aller Welt den Nazis widersprechen und mit Nein stimmen«, verkündete Louise Schroeder, Abgeordnete aus Schleswig-Holstein, die nach dem Zweiten Weltkrieg Bürgermeisterin von Berlin wurde.

Die SPD verweigerte dem Gesetz als einzige Partei die Zustimmung. Parteivorsitzender Otto Wels bekannte in seiner Rede vor den Abgeordneten: »Freiheit und Leben kann man uns nehmen, die Ehre nicht.« Das Gesetz wurde mit über vierhundert Stimmen gegen die 94 der SPD von allen Mitgliedern der anderen Fraktionen angenommen. Knapp vier Monate später, am 14. Juli 1933, bestimmten die Nationalsozialisten mit dem »Gesetz gegen die Neubildung von Parteien« die NSDAP zur einzigen Partei Deutschlands. Am 1. Dezember desselben Jahres wurde das »Gesetz zur Sicherung der Einheit von Partei und Staat« beschlossen.

Die Errichtung des Mahnmals zum Gedenken an die ermordeten Reichstagsabgeordneten geht auf das Engagement der Bürgerinitiative Perspektive Berlin e.V. zurück. Die Idee wurde vom

Deutschen Gewerkschaftsbund, vom Bezirksamt Tiergarten, vom Senator für Kulturelle Angelegenheiten und von vielen Bürgern unterstützt. Die 96 senkrecht aufgestellten gusseisernen Tafeln von etwa sechzig Zentimetern Höhe haben eine unregelmäßige, bruchstückhafte Form und sehen aus wie Schiefertafeln. Jede Tafel nennt den Namen eines Abgeordneten, das Geburts- und Todesjahr, den Todesort und die Parteizugehörigkeit. Das Mahnmal ist so konzipiert, dass es bei neuen Forschungserkenntnissen um weitere Tafeln ergänzt werden kann. Die meisten der Abgeordneten waren Mitglieder der KPD und der SPD, vier gehörten der katholischen Zentrumspartei an, einzelne anderen Parteien im Reichstag. Sechs Tafeln erinnern an ermordete Frauen. Viele der Abgeordneten wurden 1933 verhaftet, zum Teil aus der Haft wieder entlassen und überwacht, um später erneut festgenommen zu werden. Andere verbrachten Jahre in Gefängnissen oder Konzentrationslagern; manche wurden schon 1933 oder 1934 ermordet, wie der Schlosser John Schehr, der kurze Zeit Landesleiter der KPD war. Die Gestapo hielt ihn im Columbia-Haus in Tempelhof fest, das für seine besonders grausamen Haftbedingungen berüchtigt war. Als er bei der Überführung nach Potsdam in Wannsee zu fliehen versuchte, wurde er erschossen.

Zwischen unbekannten Namen liest man auch bekannte, wie Ernst Thälmann oder Julius Leber. Ernst Thälmann, der von 1925 bis zu seiner Verhaftung im März 1933 Vorsitzender der KPD war, musste über elf Jahre in Haft verbringen, den größten Teil davon in Einzelhaft im Gefängnis Hannover. 1944 wurde er im Konzentrationslager Buchenwald ermordet. Der SPD-Abgeordnete Julius Leber war seit der Machtübernahme durch die Nationalsozialisten über vier Jahre lang in Gefängnissen und Konzentrationslagern inhaftiert. Nach seiner Entlassung nahm er den Kontakt zu seinen sozialdemokratischen Freunden wieder auf und stand später in enger Verbindung zum Widerstandskreis um Carl Friedrich Goerdeler und zum Kreisauer Kreis. In einer neuen Regierung nach einem gelungenen Umsturz war er als Innenminister vorgesehen. Infolge einer Denunziation verhaftete die Gestapo ihn kurz vor dem Attentat auf Hitler am 20. Juli 1944. Er wurde vom Volksgerichtshof zum Tode verurteilt und am 5. Januar 1945 in Plötzensee hingerichtet.

Auch im Innern des Reichstagsgebäudes wird der von den Nationalsozialisten ermordeten, verfolgten und verfemten Abgeordneten gedacht. In der Abgeordnetenlobby im ersten Stock hängt eine großflächige fünfteilige Fotoarbeit von Katharina Sieverding. Das Werk in den Farben schwarz, rot, gelb thematisiert sowohl Zerstörung als auch Wiedergeburt. In dem Bild lassen sich der vergrößerte Teil eines Rückgrats und ein Krebstumor erkennen. Die Komposition mit der lodernden Sonnenkorona im Hintergrund erweckt Assoziationen mit Flammen, mit dem Reichstagsbrand und dem von den Nationalsozialisten ausgelösten Weltenbrand, mit Tod und Krieg, aber auch mit dem demokratischen Neuanfang in Deutschland nach dem Zweiten Weltkrieg. Auf drei Tischen vor der Fotowand liegen von dem Künstler Klaus Mettig gestaltete Gedenkbücher, die die Schicksale der verfolgten Abgeordneten dokumentieren.

Im Kellergeschoss hat der französische Künstler Christian Boltanski das »Archiv der Deutschen Abgeordneten« eingerichtet und erinnert damit an alle Parlamentarier, die von 1919 bis 1999 demokratisch gewählt worden sind. Entlang der über vier Meter hohen Wände des Raumes türmen sich vom Boden bis zur Decke angerostete Archivkästen aus Metall und lassen in der Mitte nur einen schmalen Durchgang frei, der durch Kohlefadenlampen spärlich beleuchtet ist. Jeder Kasten trägt den Namen eines Abgeordneten und das Datum seiner Wahl ins Parlament. Ein Trauerflor kennzeichnet die Kästen der ermordeten Volksvertreter. In der Mitte einer der Wände steht ein schwarzer Kasten für die Zeit der nationalsozialistischen Diktatur.

Ehre den
vergessenen
Opfern
An dieser Stelle, in der Tiergartenstraße 4,
wurde ab 1940 der erste national-
sozialistische Massenmord organisiert,
genannt nach dieser Adresse: „Aktion T4“
Von 1939 bis 1945 wurden fast 200.000
wehrlose Menschen umgebracht.
Ihr Leben wurde als „lebensunwert“
bezeichnet, ihre Ermordung hieß
„Euthanasie“. Sie starben in den
Gaskammern von Grafeneck,
Hartheim, Pirna, Bernburg und
sie starben durch
durch geplanten Hunger

»Aktion T4« – Die »Euthanasie«-Zentrale

In der Tiergartenstraße 4 befand sich von 1940 bis 1945 die »Euthanasie«-Zentrale des NS-Regimes. Unter der Bezeichnung »Aktion T4« – benannt nach der Adresse – organisierten die Nationalsozialisten hier die systematische Tötung von fast 200 000 körperlich und geistig Behinderten. Das Leben dieser Menschen erklärten sie für »lebensunwert«. Sie töteten die Opfer in Gaskammern, durch Injektionen, durch Erschießung oder ließen sie verhungern. Die Stadtvilla, in der die Dienststelle ihren Sitz hatte, wurde im Krieg beschädigt und später abgerissen. Seit Ende der 1980er-Jahre steht an diesem Ort, schräg vor dem Haupteingang der Philharmonie, eine Installation von Richard Serra. Daneben erinnert eine Gedenktafel von Volker Bartsch an die »Euthanasie«-Opfer.

Verkehrsverbindung
S1, S2, S25, S26 bis Potsdamer Platz (fünf Minuten Fußweg Richtung Philharmonie); Bus 148 oder 200 bis Philharmonie; Bus 348 bis Kulturforum; Bus 248 bis Kemperplatz

Richard Serras Installation *»Berlin Junction«* besteht aus zwei geschwungenen Stahlplatten von 14 Metern Länge und fast dreieinhalb Metern Höhe. Sie stehen leicht versetzt nebeneinander und bilden einen schmalen Korridor, der sich nach oben verengt. Der Gang zwischen den Wänden hindurch ist ein optisches und akustisches Erlebnis, das zu einer neuen Wahrnehmung des Ortes und seiner Umgebung führt. Der Raum wirkt bedrängend; er gibt an beiden Enden nur einen eingeengten Blick auf den Tiergarten und die Philharmonie frei. Verkehrslärm dringt nur gedämpft herein. Die Geräusche der eigenen Stimme und der eigenen Schritte hingegen werden um ein Vielfaches verstärkt. Nur ein wenig abseits vom gewohnten Leben kann alles anders sein – diesen Gedanken ruft die Skulptur hervor.

Serra hatte seine Installation 1987 ursprünglich für eine Ausstellung zur 750-Jahr-Feier Berlins im Martin-Gropius-Bau konzipiert. Nach Ablauf der Ausstellung kaufte der Berliner Senat das Werk an, das damals noch den Titel *»Berlin Curves«* trug, und wählte als Standort den Platz vor dem Eingang zur Philharmonie. Bürgerinitiativen hatten jahrelang ein Mahnmal für die »Euthanasie«-Opfer gefordert. Mit der Aufstellung an diesem Ort und dem neuen Titel *»Berlin Junction«* erhielt die Installation mit Zustimmung des Künstlers einen neuen Sinn. 1989 wurde neben der Skulptur die Gedenktafel von Volker Bartsch in den Boden eingelassen.

Der Grundstein für die menschenverachtende »Euthanasie«-Politik der NS-Diktatur wurde bereits wenige Monate nach Hitlers Machtübernahme gelegt. Am 14. Juli 1933 beschlossen die Nationalsozialisten das »Gesetz zur Verhütung erbkranken Nachwuchses«, das am 1. Januar 1934 in Kraft trat. Dieses Gesetz erlaubte die Zwangssterilisation »Erbkranker«. Als »Erbkrankheit« galten »angeborener Schwachsinn«, Schizophrenie, manische Depression, Epilepsie, Syphilis, Veitstanz, schwere körperliche Missbildungen, angeborene Blindheit und Taubheit. Darüber hinaus konnte das Gesetz auf Alkoholiker angewendet werden. Es kam auch vor, dass Langzeitarbeitslose der Zwangssterilisation zum Opfer fielen. Bis zum Ende des Zweiten Weltkrieges wurden vermutlich über 400 000 Menschen zwangssterilisiert.

Im rassistischen Weltbild der Nationalsozialisten war der »gesunde Volkskörper« ein fester Bestandteil, ihn von »Krankheitserscheinungen« freizuhalten das Ziel der Machthaber. Eine Methode wurde in der Unterbrechung der Erbfolge gesehen: So genannte »Ballastexistenzen«, »unproduktive«,»minderwertige« Menschen, die den Vorstellungen der Nationalsozialisten zufolge für den Staat und die Gesellschaft eine »Belastung« darstellten, sollten sich nicht mehr fortpflanzen dürfen. Die Nationalsozialisten stützten sich dabei auf eine breite Diskussion um »Eugenik« und »Rassenhygiene«, die während der 1920er-Jahre unter Ärzten, Juristen, Theologen und Publizisten – auch auf internationaler Ebene – geführt wurde. Ein großer Teil der psychiatrischen Ärzteschaft stand dem Gesetz positiv gegenüber. Die Befürworter machten neben medizinischen auch ökonomische, »soziale« und rassistische Gründe geltend. Manche verwiesen auf die Überlastung der Heilanstalten, andere sprachen von einer angeblich zu starken Hinwendung zu »Minderheiten«.

Im »Dritten Reich« wurde die systematische Tötung von Kranken und Pflegebedürftigen Teil der radikalen Rassen- und Vernichtungspolitik. Mit einer geheimen schriftlichen Ermächtigung schuf Hitler im Oktober 1939 die Grundlage zur »Vernichtung lebensunwerten Lebens« und ließ dabei den Organisatoren vollkommen freie Hand: »Reichsleiter Bouhler und Dr. med. Brandt sind unter Verantwortung beauftragt, die Befugnisse namentlich zu bestimmender Ärzte so zu erweitern, dass nach menschlichem Ermessen unheilbar Kranken bei kritischer Beurteilung ihres Krankheitszustandes der Gnadentod gewährt werden kann.« Die Rückdatierung des »Euthanasie«-Befehls auf den 1. September 1939, den Tag des Überfalls auf Polen, verdeutlicht den Zusammenhang zwischen »Euthanasie« und dem Krieg um »Lebensraum«.

Die Anordnung war das Startsignal für die »Aktion T4«, der zwischen 1940 und 1945 vermutlich etwa 200 000 geistig und körperlich Behinderte zum Opfer fielen. Ab Oktober 1939 entstand in der Reichskanzlei eine auf rund vierhundert Mitarbeiter anwachsende Dienststelle, deren Sitz sich ab April 1940 in der Villa in der Tiergartenstraße 4 befand. Um das »Euthanasie«-Programm vor der Öffentlichkeit zu verbergen, wurden vier Tarnorganisationen gegründet, die den Anschein sozialer Einrichtungen vortäuschen sollten: die »Reichsarbeitsgemeinschaft Heil- und Pflegeanstalten«, die »Gemeinnützige Krankentransportgesellschaft«, die »Gemeinnützige Stiftung für Anstaltspflege« und die »Zentralverwaltung Heil- und Pflegeanstalten«.

Die »Reichsarbeitsgemeinschaft Heil- und Pflegeanstalten« war vor allem für die Erfassung und Auswahl der Opfer zuständig. Alle Pflege- und Heilanstalten im Deutschen Reich erhielten Meldebögen mit der Anweisung, sämtliche Patienten anzugeben, die zum Beispiel an Schizophrenie, Epilepsie, geistigen Behinderungen, Alterssenilität, Veitstanz, Geschlechtskrankheiten oder Gehirnentzündungen litten. Darüber hinaus mussten die Anstalten »kriminelle Geisteskranke« melden und Menschen, die sich seit mindestens fünf Jahren in Anstalten befanden, sowie Patienten, die nicht die deutsche Staatsangehörigkeit besaßen oder nicht »deutschen oder artverwandten Blutes« waren. Diese Meldebögen wurden von ärztlichen Gutachtern ausgewertet und bildeten die Grundlage für die Todeslisten. Über den Zweck der Meldungen und das weitere Schicksal der Patienten blieb das Anstaltspersonal zunächst im Unklaren. Die Rede war von Evakuierung, Verlegung in Provinzanstalten und Bettenbedarf für Kranke aus der Stadt und Kriegsverletzte. Allein im Jahre 1940 meldeten die Berliner Heil- und Pflegeanstalten rund 6000 Patienten an die »Euthanasie«-Zentrale in der Tiergartenstraße.

Die Opfer wurden in eine von sechs Tötungsanstalten überführt, nach Grafeneck bei Stuttgart, Brandenburg, Bernburg (Sachsen-Anhalt), Hadamar (Hessen), Hartheim bei Linz oder Sonnenstein bei Pirna. Dort wurden sie in Gaskammern, die als Duschräume getarnt waren, durch Kohlenmonoxid erstickt. Seit dem Frühjahr 1941 brachte man die Deportierten vorübergehend in so genannten Zwischenanstalten unter, um den Massenmord zu verschleiern.

Dennoch gelang es den Organisatoren der »Aktion T4« nicht, die »Euthanasie«-Morde geheim zu halten. Durch Berichte von Pflegepersonal, das die auferlegte Schweigepflicht brach, sowie von Familienangehörigen und Freunden der Opfer drangen die Verbrechen an die Öffentlichkeit. Immer häufiger kam es vor, dass Kranke plötzlich verlegt wurden und die Angehörigen kurz darauf die Nachricht vom Tod des Patienten erhielten. Als Todesursache wurde eine fingierte Krankheit angegeben. Im Juli 1941 begannen Vertreter der Kirchen gegen die Vernichtung »lebens-

unwerten Lebens« öffentlich zu protestieren. Am 3. August verlas Bischof Clemens August Graf von Galen in der St.-Lamberti-Kirche in Münster während seiner Predigt eine Strafanzeige, die er wenige Tage zuvor bei der Staatsanwaltschaft beim Landgericht in Münster erstattet hatte: »Da ein derartiges Vorgehen nicht nur dem göttlichen und natürlichen Sittengesetz widerstrebt, sondern auch als Mord nach Paragraph 211 des Reichsstrafgesetzbuches mit dem Tode zu bestrafen ist, erstatte ich gemäß Paragraph 139 des Reichsstrafgesetzbuches pflichtgemäß Anzeige und bitte die bedrohten Volksgenossen unverzüglich durch Vorgehen gegen den Abtransport und die Ermordung beabsichtigenden Stellen zu schützen und mir von dem Veranlassten Nachricht zu geben.« Er sagte: »Wenn einmal zugegeben wird, dass Menschen das Recht haben, unproduktive Mitmenschen zu töten, und es jetzt zunächst arme und wehrlose Geisteskranke trifft, dann ist grundsätzlich der Mord an allen unproduktiven Menschen, also an unheilbar Kranken, den arbeitsunfähigen Krüppeln, den Invaliden der Arbeit und des Krieges, dann ist der Mord an uns allen, wenn wir alt und altersschwach und damit unproduktiv werden, freigegeben.«

Der Protest führte zur offiziellen Einstellung der »Aktion T4« am 24. August 1941. Über 70 000 Menschen waren bis dahin ermordet worden. Spätestens mit Beginn des Jahres 1942 wurde die Tötung geistig und körperlich behinderter Menschen jedoch fortgesetzt. In den Pflege- und Heilanstalten wurden Patienten durch tödliche Injektionen oder eine Überdosis Tabletten ermordet, andere ließ man verhungern. Viele der »T4«-Mitarbeiter setzten ihre Tätigkeit in den Vernichtungslagern fort, wo sie »lebensunwerte« Häftlinge »aussondern« und umbringen ließen. Auf diese Weise starben weitere 20 000 Menschen. Auch in den besetzten Gebieten im Osten wurden mindestens 10 000 Anstaltsinsassen getötet. »T4«-Mitarbeiter waren auch als Berater am Aufbau der Vernichtungslager zur Ermordung der europäischen Juden beteiligt, einige von ihnen wurden später zu Lagerkommandanten ernannt.

Gedenkstätte Deutscher Widerstand

Die Gedenkstätte Deutscher Widerstand befindet sich im Bendlerblock in Mitte. In dem historischen Gebäudekomplex zwischen Tiergarten und Landwehrkanal hatten von 1914 bis 1945 verschiedene militärische Dienststellen ihren Sitz. Hier planten führende Wehrmachtsoffiziere das Attentat auf Hitler am 20. Juli 1944 und den Umsturz des NS-Regimes. Claus Schenk Graf von Stauffenberg, seit Herbst 1943 treibende Kraft der militärischen Opposition, führte den Anschlag selbst aus. In der Nacht nach dem missglückten Attentat wurden er und drei weitere Verschwörer im Hof des Bendlerblocks erschossen. Den Widerstandskämpfern zum Gedenken wurde der Hof 1953 zum Ehrenhof erklärt. Die Gedenkstätte im zweiten Stock des Hauses informiert in einer ständigen Ausstellung mit über 5000 Fotos und Dokumenten über den Widerstand gegen den Nationalsozialismus in seiner ganzen Breite und Vielfalt.

Gedenkstätte
Deutscher Widerstand
Stauffenbergstraße
13–14
10785 Berlin,
Tel: 26 99 50 00
www.gdw-berlin.de

Öffnungszeiten
Montag bis Mittwoch,
Freitag 9 bis 18 Uhr,
Donnerstag 9 bis 20 Uhr,
Samstag, Sonntag und
an Feiertagen
10 bis 18 Uhr.
Geschlossen am
23., 24., 25., 26., 31.
Dezember und 1. Januar.
Eintritt frei.
Öffentliche Führungen
jeden Sonntag 15 Uhr.
Kostenlose Gruppenführungen nach Absprache.

Verkehrsverbindung
S1, S2, S25, S26 oder
U2 bis Potsdamer Platz
(zehn Minuten Fußweg);
Bus 129 bis Gedenkstätte Deutscher Widerstand; Bus 200 bis
Hildebrandstraße
(drei Minuten Fußweg)

Am heutigen Reichpietschufer entstand von 1911 bis 1914 ein großer Gebäudekomplex für das Reichsmarineamt, der neunhundert Mitarbeitern Platz bot. Nachdem die deutschen Streitkräfte entsprechend den Bestimmungen des Versailler Friedensvertrages von 1919 stark verringert worden waren, wurde auch die Reichswehrführung in das Haus verlegt. Im Dienstzimmer des Chefs der Heeresleitung, der im Gebäudeteil an der Bendlerstraße residierte, hielt Hitler am 3. Februar 1933 vor der Generalität die berüchtigte Rede, in der er die »Ausrottung des Marxismus«, »straffste autoritäre Staatsführung«, »die Beseitigung des Krebsschadens der Demokratie« und »die Eroberung neuen Lebensraums im Osten und dessen rücksichtslose Germanisierung« ankündigte.

Namensgeber des Bendlerblocks, als welchen man ursprünglich nur die Bauten in der Bendlerstraße bezeichnete, war der Ratsmaurermeister Johann Christoph Bendler, der das Gelände zwischen der Tiergartenstraße und dem später angelegten Landwehrkanal 1835 gekauft und einen Teil davon der Stadtverwaltung zum Bau einer Verbindungsstraße – früher Bendler-, heute Stauffenbergstraße – zur Verfügung gestellt hatte. Bis 1938 wurde der Komplex auf seine heutige Ausdehnung erweitert.

Im Hauptgebäude am Landwehrkanal befand sich neben Teilen des Oberkommandos des Heeres und der Seekriegsleitung auch der größte Teil des Amtes Ausland/Abwehr im Oberkommando der Wehrmacht unter Admiral Wilhelm Canaris. Eine Gruppe von Verschwörern um Hans Oster und Hans von Dohnanyi plante hier bereits 1938, das NS-Regime zu stürzen.

Dem missglückten Attentat auf Hitler am 20. Juli 1944 gingen jahrelange Vorbereitungen in militärischen wie zivilen Kreisen voraus. Den Mittelpunkt bildeten dabei Ludwig Beck, der 1938 als Generalstabschef des Heeres zurückgetreten war, und Carl Friedrich Goerdeler, der nach Auseinandersetzungen mit der NSDAP 1937 das Amt des Oberbürgermeisters von Leipzig niedergelegt hatte. In enger Absprache mit Beck und Goerdeler arbeitete seit 1942 Friedrich Olbricht, der Chef des Allgemeinen Heeresamtes, an einem Umsturz. Unter dem Namen »Walküre« existierten bereits Pläne, die eigentlich zur Niederschlagung innerer Unruhen dienen sollten, welche die Verschwörer nun aber für ihre Ziele abwandelten. Der Umsturzplan war damit zugleich gut getarnt. Seit Herbst 1943 beteiligte sich Claus Schenk Graf von Stauffenberg, Stabschef im Allgemeinen Heeresamt, an der Ausarbeitung der Pläne und rückte schließlich ins Zentrum des militärischen Widerstands. Sein engster Mitarbeiter war Albrecht Merz von Quirnheim.

Am Umsturzversuch vom 20. Juli 1944 waren viele Menschen beteiligt; die nationalkonservativen Oppositionellen um Goerdeler trugen ebenso ihren Teil dazu bei wie der von christlichen und sozialistischen Ideen geprägte Kreisauer Kreis um den Juristen Helmuth James Graf von Moltke. Zwar verfolgten die verschiedenen Gruppen unterschiedliche gesellschaftliche und politische Ziele, doch standen sie zum Teil schon seit 1938 miteinander in Verbindung. Die Wege, die die Einzelnen in den Widerstand geführt hatten, waren oft lang und von ganz verschiedenen Erfahrungen geprägt. Auf einige hatte der Nationalsozialismus zunächst durchaus eine Faszination ausgeübt. Der Entschluss, zu handeln, reifte bei ihnen erst allmählich.

Stauffenberg selbst führte den Anschlag in Hitlers Hauptquartier »Wolfschanze« bei Rastenburg in Ostpreußen durch. Er stellte in der Lagebaracke eine Aktentasche mit Sprengstoff ab, die kurz darauf detonierte, und reiste zurück nach Berlin, in die Bendlerstraße, um die nächsten Schritte zum Sturz der Regierung einzuleiten. Doch Hitler überlebte das Attentat leicht verletzt. Am späten Abend stürmten regimetreue Truppen in den Bendlerblock. Der Befehlshaber des Ersatzheeres Generaloberst Friedrich Fromm erklärte sich in seinem Arbeitszimmer zum Standgericht und ließ Stauffenberg und seine Mitverschwörer Albrecht Mertz von Quirnheim, Werner von Haeften und Friedrich Olbricht im Hof erschießen. Ludwig Beck war kurz zuvor im Innern des Gebäudes erschossen worden. Noch in der Nacht setzte eine großangelegte Fahndung ein. Die am nächsten Tag gebildete »Sonderkommission 20. Juli« zur Verfolgung der dem Widerstand zugerechneten Personen und ihrer Angehörigen wuchs in kurzer Zeit auf vierhundert Beamte an. Tausende Menschen wurden verhaftet und über hundert Personen vom Volksgerichtshof in entwürdigenden Prozessen zum Tod verurteilt und hingerichtet.

Acht Jahre nach dem Anschlag, am 20. Juli 1952, wurde im Hof des Bendlerblocks der Grundstein für ein Denkmal gelegt. Im darauf folgenden Sommer enthüllte der Regierende Bürgermeister von Berlin, Ernst Reuter, eine Bronzefigur – einen Mann mit gebundenen Händen – von Richard Scheibe. Die Inschrift in dem einen Meter hohen Sockel stammt von Edwin Redslob, dem damaligen Direktor des kunsthistorischen Instituts der Freien Universität. 1955 wurde die Bendlerstraße in Stauffenbergstraße unbenannt. Dennoch tat sich ein nicht geringer Teil der westdeutschen Gesellschaft der 1950er-Jahre schwer, den Widerstand gegen den Nationalsozialismus zu würdigen, und verurteilte die Verschwörer nach wie vor als »Verräter«. In einer Meinungsumfrage sprachen sich noch 1960 vierzig Prozent der Bundesbürger dagegen aus, eine Schule nach Stauffenberg zu benennen, nur ein Viertel stimmte dafür. 1968 wurde im Bendlerblock eine kleine, ausschließlich den wenigen unmittelbar Beteiligten gewidmete Ausstellung eröffnet. Die Breite der Widerstandsbewegung, für die der 20. Juli 1944 auch steht, blieb zunächst unbeachtet.

1980 wurde der Hof nach einem Entwurf des Bildhauers und Architekten Erich Reusch umgestaltet. Die Bronzefigur steht seitdem ohne Sockel auf dem Kopfsteinpflaster, die Inschrift von Redslob ist auf einer Bronzetafel davor in den Boden eingelassen. Reusch ergänzte den Ort der Erinnerung um die bronzenen »Schwellen zum Widerstand«. 1983 schließlich veranlasste der Regierende Bürgermeister Richard von Weizsäcker die Erweiterung der Ausstellung zu einer umfassenden Dokumentation über die vielfältigen Formen des Widerstands gegen das nationalsozialistische Terrorregime. Im Sommer 1989 wurde die Gedenkstätte Deutscher Widerstand mit der Ausstellung »Widerstand gegen den Nationalsozialismus« eröffnet. Sie befindet sich in historischen Räumen im zweiten Stock des Bendlerblocks, unter anderem in den Dienstzimmern von Fromm, Stauffenberg, Olbricht und Mertz von Quirnheim.

In 26 Bereichen informiert die Ausstellung über Aktivitäten und Schicksale Einzelner wie über Gruppen, Bewegungen, Organisationen. Ob es sich um den Widerstand der Arbeiterbewegung oder der Kirchen handelt, um so bekannte Organisationen wie die »Weiße Rose« um Hans und Sophie Scholl, die von den Nationalsozialisten so genannte Rote Kapelle um Arvid Harnack und Harro Schulze-Boysen oder um unbekanntere Gruppen wie den Kreis um den jüdischen Kommunisten Herbert Baum, die Schüler der Rütlischule in Neukölln um Hanno Günther, die Kriegsdienstverweigerer in den »Bewährungseinheiten 999« oder um einzelne Helfer wie Otto Weidt – die Dokumentation zeigt, dass der Widerstand gegen Hitler verschiedene Wurzeln hatte und dass seine Geschichte nicht kontinuierlich verlief: »Sie ist vielmehr reich an Brüchen und Misserfolgen, an Neuansätzen und neuem Scheitern«, so der wissenschaftliche Leiter der Gedenkstätte Peter Steinbach.

Die Gedenkstätte Deutscher Widerstand ist eine Bildungs- und Forschungsstätte, die regelmäßig auch durch Publikationen, in Sonderausstellungen und mit einem vielfältigen Veranstaltungsangebot über den Widerstand gegen den Nationalsozialismus informiert. Im ersten Stock des Hauses befindet sich eine Bibliothek, die mit mehr als 80 000 Büchern eine der größten Spezialbibliotheken zur NS-Zeit in Deutschland ist. Zum 20. Juli finden jährlich Gedenkveranstaltungen statt.

TOTGESCHLAGEN
TOTGESCHWIEGEN
DEN
HOMOSEXUELLEN OPFERN
DES
NATIONALSOZIALISMUS

Die homosexuellen Opfer des Nationalsozialismus

Am Gebäude des U-Bahnhofs Nollendorfplatz in Schöneberg erinnert eine Marmortafel in Form eines »rosa Winkels« an die von den Nationalsozialisten ermordeten Homosexuellen und zugleich daran, dass die Verbrechen an ihnen nach dem Zweiten Weltkrieg jahrzehntelang verdrängt wurden. Nach der Verschärfung des Paragraphen 175 des Reichsstrafgesetzbuches im Juni 1935 verurteilte die NS-Justiz etwa 50 000 Männer wegen »Unzucht«. Tausende von ihnen wurden in Konzentrationslager deportiert, wo sie den »rosa Winkel« zur Kennzeichnung an ihrer Häftlingskleidung tragen mussten. Die wenigsten haben die Lager überlebt. In der Otto-Suhr-Allee und am Spreeufer, hinter dem Haus der Kulturen der Welt, erinnern außerdem zwei Denkmäler an den Arzt Magnus Hirschfeld, den Begründer der weltweit ersten Homosexuellen-Organisation und der Sexualwissenschaft in Deutschland.

Verkehrsverbindung
U1, U2, U4, U15,
Bus 119, 187 bis Nollendorfplatz
»Hirschfeld-Säule«, Otto-Suhr-Allee 93:
U7 oder Bus 145 bis Richard-Wagner-Platz
Gedenkstele am Spreeufer: Bus 100 bis Haus der Kulturen der Welt

»Berlin ist der Traum eines jeden Schwulen« – die selbstbewusste Berliner Homosexuellenszene hatte den britischen Dichter W. H. Auden Ende der 1920er-Jahre ebenso in die deutsche Hauptstadt gezogen wie seinen Schriftstellerkollegen Christopher Isherwood, der mit dem 1939 erschienenen Episodenroman *»Good bye to Berlin«* die literarische Vorlage zu dem Erfolgsfilm »Cabaret« lieferte. Isherwood beschrieb die Wirtschaftskrise wie den zunehmenden Straßenterror der Nationalsozialisten, das dennoch ungehindert ausschweifende Nachtleben in der sich auflösenden Weimarer Republik und den durchaus offenen Umgang mit Homosexualität. Viele Homosexuelle waren nach Berlin gekommen, weil sie hier ein freieres Leben führen konnten als irgendwo sonst in Europa. Der Nollendorfplatz und seine Umgebung bildeten das Zentrum der schwulen und lesbischen Szene. Die Homosexuellen-Treffpunkte zogen sich entlang der Bülowstraße und reichten bis in die Seitenstraßen des Kurfürstendamms. In der Motzstraße, Ecke Kalckreuthstraße, befand sich das legendäre Transvestitenlokal »Eldorado«, das international berühmt war und als eine Touristenattraktion galt. Reiseunternehmen boten sogar Touren durch die schwule Szene im »Neuen Westen« Berlins an.

Bereits kurz nach Hitlers Machtübernahme im Januar 1933 wurden die ersten Schwulen- und Lesbenlokale von den Nationalsozialisten geschlossen, Organisationen verboten, Publikationen durften nicht mehr erscheinen. Nach der Ermordung des Stabschefs der SA, Ernst Röhm, und weiterer SA-Führer im Juli 1934 begann die erste groß angelegte Verfolgungswelle gegen Homosexuelle und angeblich homosexuelle Regimekritiker. Im Oktober 1934 beauftragte der Reichsführer SS Heinrich Himmler die Polizei, reichsweit alle Männer, die sie der Homosexualität verdächtigte, in Listen zu erfassen. Kurz darauf wurde beim Geheimen Staatspolizeiamt ein »Sonderdezernat Homosexualität« eingerichtet. Es gelang den Nationalsozialisten jedoch nicht, den Zusammenhalt der Szene vollständig zu zerschlagen. Man organisierte Rechtsbeistand für verhaftete Freunde, schloss Scheinehen und vernichtete die Adresskarteien der Homosexuellen-Zeitschriften.

Im Juni 1935 wurde der Paragraph 175 des Reichsstrafgesetzbuches verschärft. Das ursprüngliche Gesetz, das das Deutsche Reich vom Norddeutschen Bund und dem preußischen Staat übernommen hatte, stellte praktizierte Homosexualität zwischen Männern unter Strafe. Die Änderung des Paragraphen bedeutete die vollständige Kriminalisierung männlicher Homosexualität. Die Nationalsozialisten konnten von nun an jeden verhaften, den sie einer homosexuellen Handlung auch nur verdächtigten. In den folgenden Jahren wurden etwa 50 000 Männer verurteilt. Zwischen 5000 und 10 000 von ihnen – die genaue Zahl ist nicht bekannt – kamen in Konzentrationslager, wo sie, durch den »rosa Winkel« als »sexuell abnorm« gekennzeichnet, besonderen Diskriminierungen ausgesetzt waren. Viele wurden in den Lagern ermordet. In Berlin verdächtigte man zwischen 1933 und 1945 ungefähr 16 500 Personen als »Täter« und »Tatbeteiligte«. Gegen fast die Hälfte der Beschuldigten wurde Anklage erhoben. Mindestens 450 Berliner Homosexuelle kamen ums Leben.

Im Oktober 1936 ließ Himmler eine »Reichszentrale zur Bekämpfung der Homosexualität und der Abtreibung« einrichten. 1940 verfügte er, »dass alle Homosexuellen, die mehr als einen Partner verführt haben«, nach Verbüßung ihrer Haftstrafe in polizeiliche Vorbeugehaft zu nehmen seien. Dies bedeutete die Einweisung in Konzentrationslager. Auf homosexuelle Handlungen unter Angehörigen der SS und der Polizei stand ab Herbst 1941 die Todesstrafe. Im Konzentrationslager Buchenwald führte der dänische SS-Arzt Carl Vaernet medizinische Experimente an Homosexuellen durch. Durch Kastration oder Hormonbehandlung versuchte er die Männer zu »heilen«.

In der Bundesrepublik blieb der Paragraph 175 die ersten Jahrzehnte unverändert in Kraft. Im 1956 verkündeten Bundesentschädigungsgesetz für Opfer des Nationalsozialismus wurde die Verfolgung aufgrund von Homosexualität nicht als typisches NS-Unrecht anerkannt. Den Opfern stand somit auch keine Entschädigung zu. Erst 1969 wurde der Paragraph zum ersten Mal reformiert, Homosexualität unter Erwachsenen war danach straffrei. In der DDR war man 1950 wieder zu der alten Fassung von 1872 zurückgekehrt, bis es 1968 zu einer Neuregelung kam. Zwanzig Jahre später schaffte die Volkskammer das Gesetz ganz ab. Im wiedervereinigten Deutschland bestand in den beiden Teilen zunächst eine unterschiedliche Rechtslage. Es dauerte noch bis 1994, ehe der Paragraph endgültig aus dem Strafgesetzbuch gestrichen wurde.

»Totgeschlagen – Totgeschwiegen. Den homosexuellen Opfern des Nationalsozialismus«, so heißt es auf der dreieckigen Gedenktafel aus rosa Marmor, die 1989 am Gebäude des U-Bahnhofs Nollendorfplatz als erstes Denkmal für die homosexuellen Opfer des Nationalsozialismus in Berlin angebracht wurde. Die Ökumenische Arbeitsgruppe Homosexuelle und Kirche und die Allgemeine Homosexuelle Arbeitsgemeinschaft hatten schon lange ein Mahnmal gefordert. Anerkennung als Opfer des NS-Regimes wird den verfolgten und ermordeten Homosexuellen erst heute zuteil. Im Dezember 2000 beschloss der Bundestag die Rehabilitierung homosexueller Opfer des Nationalsozialismus und verabschiedete darüber hinaus eine Erklärung, in der sich der Gesetzgeber zu seiner Verantwortung für die Fortgeltung des Paragraphen 175 in der Fassung von 1935 bis in das Jahr 1969 bekannte. Initiativen und Verbände setzen sich seit Jahren für die Errichtung eines zentralen Gedenkorts in Berlin in der Nähe des Brandenburger Tors ein. Die Verwirklichung eines Denkmals für die homosexuellen Opfer des Nationalsozialismus steht jedoch noch immer aus.

Auf dem Nollendorfplatz wurde im Sommer 2000 eine viereinhalb Meter hohe Regenbogen-Stele des Künstlers Salomé errichtet, die – als ein Symbol für das gewachsene Selbstbewusstsein der Homosexuellen – auf das traditionelle Zentrum der schwul-lesbischen Szene verweist.

An zwei Orten in Berlin wurden Mitte der 1990er-Jahre Denkmäler für den Arzt und Sexualwissenschaftler Magnus Hirschfeld und sein Institut aufgestellt. Die von August Jäckel entworfene und von Emanuel Scharfenberg ausgeführte »Hirschfeld-Säule« in der Otto-Suhr-Allee 93 erinnert an seinen ehemaligen Wohnort. In dem Haus, das früher hier stand, damals Berliner Straße 104, lebte Hirschfeld von 1896 bis 1910. Hier gründete er 1897 mit dem Wissenschaftlich-humanitären Komitee die erste politische Organisation, die sich für die rechtliche Gleichstellung Homosexueller einsetzte. Eine weitere Gedenkstele – eine Arbeit des Bildhauers Georg Seibert – steht am Spreeufer hinter dem Haus der Kulturen der Welt. Ganz in der Nähe hatte das von Hirschfeld 1919 gegründete Institut für Sexualwissenschaft seinen Sitz, das erstmals Ehe- und Sexualberatung, medizinische Behandlung, Lehre und Forschung in einer Einrichtung zusammenfasste. 1924 erkannte die preußische Regierung das Institut als gemeinnützige Stiftung an. Die sexualreformerischen Bestrebungen und wissenschaftlichen Forschungserfolge machten das Institut international bekannt. Die Bibliothek des Hauses galt als die umfassendste Sammlung auf dem Gebiet der Sexualwissenschaft.

Hirschfeld, der als Homosexueller, Jude und Sozialist bereits in den 1920er-Jahren Verleumdungen, persönlichen Angriffen und Drohungen seitens der Nationalsozialisten ausgesetzt war, trat 1930 eine Weltreise an, von der er nicht mehr nach Deutschland zurückkehrte. Das Institut für Sexualwissenschaft wurde am 6. Mai 1933 von Mitgliedern der Deutschen Studentenschaft und SA-Leuten gestürmt und verwüstet. Sie plünderten die Bibliothek und warfen einen großen Teil der Bestände, darunter auch Hirschfelds Schriften, bei der Bücherverbrennung auf dem Opernplatz am 10. Mai 1933 ins Feuer. Auch eine Bronzebüste Hirschfelds von Harald Isenstein fiel den Flammen zum Opfer. Wenige Tage später wurde das Institut von den Nationalsozialisten geschlossen. Das Wissenschaftlich-humanitäre Komitee sah sich zur Selbstauflösung gezwungen. Hirschfeld starb 1935 in Nizza. Das im Zweiten Weltkrieg schwer beschädigte Institutsgebäude wurde 1950 gesprengt. 1984 ließ die Magnus-Hirschfeld-Gesellschaft die Büste Hirschfelds nach einem erhaltenen Gipsmodell neu gießen. Sie ist im Schwulen Museum in Kreuzberg ausgestellt.

Das »Judenreferat« IV B 4

Verkehrsverbindung
Bus 100, 129 oder 187
bis Schillstraße

Das »Judenreferat« war eine Dienststelle des Reichssicherheitshauptamts, das am 27. September 1939 als Zusammenschluss von Sicherheitspolizei und Sicherheitsdienst gegründet worden war. Von hier aus steuerten die Nationalsozialisten ihre gesamte Verfolgungs- und Vernichtungspolitik während des Zweiten Weltkriegs. Seit Anfang der 1940er-Jahre organisierte Adolf Eichmann im »Judenreferat« den bürokratischen Teil der »Endlösung«. Er war einer der Hauptverantwortlichen für die Ermordung der Juden Europas. Der Sitz seiner Behörde befand sich in der Kurfürstenstraße 115/116 in Schöneberg. 1998 wurde hier eine Bushaltestelle als Mahnmal gestaltet.

Die Buslinie 100 durch die Berliner Innenstadt führt vom Bahnhof Zoo aus an vielen Sehenswürdigkeiten und historischen Orten vorbei. Die Haltestelle Schillstraße in der Kurfürstenstraße steht nur wenige Meter von einem zentralen Ort nationalsozialistischen Verbrechens entfernt. Anfang des 20. Jahrhunderts hatte der Jüdische Brüderverein hier ein repräsentatives Vereins- und Wohnhaus erbaut. Dieses Gebäude zweckentfremdeten die Nationalsozialisten für das so genannte Judenreferat, das seit Herbst 1941 unter der Leitung von Adolf Eichmann sämtliche Deportationen in Gettos, Konzentrations- und Vernichtungslager im Osten organisierte. Von seinem Schreibtisch aus sorgte Eichmann mit bürokratischer Sorgfalt für reibungslose Abläufe; er koordinierte die »Transporte« der zuständigen Polizeistellen und der Reichsbahn, dirigierte Millionen Juden aus ganz Europa auf den Weg in den Tod.

Das Haus wurde 1961 abgerissen. Heute befindet sich auf dem Grundstück das Hotel Sylter Hof. Um an den vergessenen Ort zu erinnern, wurden in dem BVG-Wartehäuschen davor auf den großen Werbeflächen zwei ungewöhnliche Plakate ausgehängt: »Mahnort« – so sind sie groß überschrieben. Das eine zeigt Fotos von Adolf Eichmann und skizziert sein Leben, auf dem anderen ist das ehemalige Gebäude abgebildet. Es berichtet von der grausamen Arbeit des Amts. Die Gestaltung des Wartehäuschens als Mahnmal geht auf die Initiative des Künstlers Ronnie Goltz zurück. Fünfzehn Angehörige seiner Familie wurden von den Nationalsozialisten ermordet. Unterstützung erhielt Goltz von der Firma Wall, die das Wartehäuschen an dieser Stelle neu errichtete, sowie von der Stiftung Topographie des Terrors, von der die Texte der Plakate erstellt wurden. Als ein Gedenkort mitten im Alltagsleben soll dieses Mahnmal durch die zufällige Begegnung auch die Menschen zum Nachdenken anregen, die sonst vielleicht keine Gedenkstätten aufsuchen.

Adolf Eichmann, am 19. März 1906 in Solingen als Sohn eines Buchhalters geboren, wuchs seit 1914 im oberösterreichischen Linz auf. Er begann eine Ausbildung an der Höheren Bundeslehranstalt für Elektrotechnik, Maschinenbau und Hochbau, brach sie ab und arbeitete als Bergarbeiter, Verkäufer und als Vertreter einer Mineralölfirma in Wien. 1932 trat er in die österreichische NSDAP ein und wurde Mitglied der SS. Als die NSDAP im Juni

H
Schillstraße
100 Mollstraße
Prenzlauer Allee
MAH
ORT

MAHN
ORT
ADOLF EICHMANN
war während des Zweite
Leiter des „Judenreferat
B 4 im
„Reichssicherheitsha
Er
war maßgeblich an der
der europäischen Juden
Von seinem Büro in
der Kurfürstenstraße
115/116 aus wurde
die Deportation der
Juden in die Ver-
nichtungslager zen-
tral organisiert. Nach
1945 floh Eichmann nach
In einem Prozeß, der we
sehen erregte, wurde er 1
salem zum Tode verurteil
Monate später hingerichte

1933 in Österreich verboten wurde, ging Eichmann nach Süddeutschland, wo er eine vierzehnmonatige militärische Ausbildung durch die SS erhielt. Er bewarb sich danach um eine Stelle beim SD in Berlin und war schon bald im so genannten Judenreferat tätig. Noch ging es nicht um systematische Vernichtung, sondern um Ausgrenzung. Eichmann prüfte Mittel und Wege, die Auswanderung der Juden durchzusetzen. Nach dem Anschluss Österreichs im März 1938 wurde er nach Wien geschickt, um die »Zentralstelle für jüdische Auswanderung« zu organisieren. In knapp anderthalb Jahren mussten 150 000 Juden unter Verzicht auf einen Großteil ihres Vermögens Österreich zwangsweise verlassen. Eichmann wurde anschließend nach Prag versetzt, um seine Arbeit dort fortzuführen.

Ende 1939 übernahm Eichmann, inzwischen ein »Fachmann« für Judenfragen, die Leitung des »Referats für Juden- und Räumungsangelegenheiten« im neu eingerichteten Reichssicherheitshauptamt in Berlin. Bei der Wannsee-Konferenz am 20. Januar 1942, auf der hochrangige Nationalsozialisten die Umsetzung der »Endlösung der Judenfrage« planten, führte Eichmann Protokoll. Ein letzter schrecklicher Höhepunkt seiner Karriere war seine Abkommandierung nach Ungarn im Frühjahr 1944. Unterstützt von einem Sondereinsatzkommando, dem alle wichtigen Mitglieder seines Amtes angehörten, reiste er nach Budapest und organisierte vor Ort die Deportation von 437 000 Juden in knapp zwei Monaten. Weit über 400 000 von ihnen wurden in Auschwitz ermordet. Nachdem das Eisenbahnsystem nicht mehr funktionierte, veranlasste Eichmann die berüchtigten Todesmärsche, auf denen tausende durch Erschöpfung, Hunger, Kälte oder die brutale Behandlung ihrer Bewacher ums Leben kamen.

In den im November 1945 eröffneten Prozessen gegen die Hauptkriegsverbrecher des »Dritten Reichs« vor dem Internationalen Militärgericht in Nürnberg fiel in Zeugenaussagen immer wieder Eichmanns Name. Er selbst befand sich unter falschem Namen in amerikanischer Gefangenschaft. Es gelang ihm, zu fliehen und unterzutauchen. Eine Zeit lang arbeitete er als Holzfäller in der Lüneburger Heide. 1950 entkam er über Österreich nach Italien. Von dort aus setzte er sich mit gefälschten Papieren als Richard Klement nach Argentinien ab. Er lebte zunächst in Tucumán am

Fuß der Anden, dann schlug er sich mit Gelegenheitsarbeiten durch. Später fand er eine Stelle bei Mercedes Benz in einem Vorort von Buenos Aires, erst als Mechaniker, dann als Vorarbeiter. Im Sommer 1952 zog seine Familie nach. 1960 kam ihm der israelische Geheimdienst auf die Spur und entführte ihn nach Israel. Knapp ein Jahr später, am 11. April 1961, wurde der Strafprozess gegen Eichmann von einer Sonderkammer des Bezirksgerichts Jerusalem eröffnet.

»Eichmann war nicht Jago und nicht Macbeth, und nichts hätte ihm ferner gelegen, als mit Richard III. zu beschließen, ›ein Bösewicht zu werden‹. Außer einer ganz ungewöhnlichen Beflissenheit, alles zu tun, was seinem Fortkommen dienlich sein konnte, hatte er überhaupt keine Motive [...] Er hat sich nur, um in der Alltagssprache zu bleiben, *niemals vorgestellt, was er eigentlich anstellte*. [...] er war nicht dumm. Es war gewissermaßen schiere Gedankenlosigkeit – etwas, was mit Dummheit keineswegs identisch ist –, die ihn dafür prädisponierte, zu einem der größten Verbrecher der Zeit zu werden [...] Dass eine solche Realitätsferne und Gedankenlosigkeit in einem mehr Unheil anrichten können als alle die dem Menschen vielleicht innewohnenden bösen Triebe zusammengenommen, das war in der Tat die Lektion, die man in Jerusalem lernen konnte. Aber es war eine Lektion und weder eine Erklärung des Phänomens noch eine Theorie darüber« – so schrieb die Philosophin Hannah Arendt, die den Prozess als Berichterstatterin der amerikanischen Wochenzeitschrift »New Yorker« verfolgte.

Mit großer Bereitwilligkeit räumte Eichmann die Beteiligung an den Verbrechen des nationalsozialistischen Systems ein und gab den Richtern präzise Auskunft über die Strukturen seiner Behörde und seine Zuständigkeiten. Den Massenmord nannte er »eines der kapitalsten Verbrechen innerhalb der Menschheitsgeschichte«, eine persönliche Schuld aber empfand er bis zum Schluss nicht, auch keine Reue. Er habe nur Befehle ausgeführt. Die Anklage wegen Mordes sei falsch: »Ich hatte mit der Tötung der Juden nichts zu tun. Ich habe niemals einen Juden getötet, aber ich habe auch keinen Nichtjuden getötet – ich habe überhaupt keinen Menschen getötet. Ich habe auch keinen Befehl zum Töten eines Juden gegeben, auch keinen Befehl zum Töten eines Nichtjuden [...] Habe ich nicht getan.«

Der Prozess erregte weltweit Aufsehen und schockierte die Menschen. Fünfhundert Journalisten aus aller Welt beobachteten die Verhandlungen. Unter den Korrespondenten waren bekannte Juristen, Historiker, Philosophen und auch Schriftsteller, wie der Niederländer Harry Mulisch. Hannah Arendts Prozessbericht fand über Jahre große internationale Beachtung und ist bis heute ein wichtiges Zeugnis. Über fünfzehn Jahre lang hatte in der deutschen Öffentlichkeit über die Ermordung der europäischen Juden größtenteils Schweigen geherrscht. 1961 aber berichtete das westdeutsche Fernsehen zweimal wöchentlich jeweils nach den Abendnachrichten über den Prozessverlauf. Bis zu sechzig Prozent der Fernsehzuschauer verfolgten die Sondersendungen. Zum ersten Mal wurden im Nachkriegsdeutschland Überlebende der Konzentrations- und Vernichtungslager gezeigt, die von ihrer Leidenszeit in den Lagern, von Deportationen und Todesmärschen erzählten. Und man sah jemanden vor Gericht, der Verantwortung dafür trug: »Der Täter Eichmann stand wie auf einer Bühne [...] Und da er alleine in seinem kugelsicheren Glaskasten war und die Anklagebank im Gerichtssaal nicht mit vielen anderen teilen musste, konnte sich der Beobachter ganz auf Eichmann konzentrieren und ihn in seinem gläsernen Kasten wie unter einem Vergrößerungsglas betrachten. Das unfassbare Verbrechen bekam so für den Betrachter ein Gesicht und einen Namen.«

Am 11. Dezember 1961 verurteilte das Gericht Eichmann wegen Verbrechen gegen das jüdische Volk und gegen die Menschlichkeit zum Tode. Am 31. Mai 1962 wurde er im Gefängnis Ramleh bei Tel Aviv gehenkt. Es war das einzige Mal, dass im Staat Israel ein Todesurteil vollstreckt wurde. Eichmanns Leiche wurde verbrannt, die Asche außerhalb des israelischen Hoheitsgebiets über dem Meer verstreut.

Kammergericht Berlin – Die Verschwörer des 20. Juli 1944 vor dem Volksgerichtshof

Die Prozesse gegen die Verschwörer vom 20. Juli 1944 vor dem Volksgerichtshof sind in der Geschichte der deutschen Justiz beispiellos. Jenseits jeglicher allgemeiner Rechtsgrundsätze wurden sie mit äußerster Menschenverachtung und Härte geführt. Die »Verhandlungen« fanden im Plenarsaal des Berliner Kammergerichts am Heinrich-von-Kleist-Park in Schöneberg statt. Im Park erinnert seit 1983 ein Gedenkstein an die Widerstandskämpfer. Der Volksgerichtshof, der von den Nationalsozialisten im April 1934 mit dem »Gesetz zur Aburteilung von Hoch- und Landesverrat« geschaffen worden war, hatte seinen Sitz in der Bellevuestraße am Potsdamer Platz, dort, wo heute die Gebäude des Sony Centers stehen. Eine in den Bürgersteig eingelassene Gedenktafel weist auf die Geschichte des Ortes hin.

Kammergericht Berlin
Elßholzstraße 30–33
10781 Berlin
Der Besuch des Plenarsaals ist nur nach telefonischer Vereinbarung möglich,
Tel. 90 15 22 90
(Pressestelle).

Verkehrsverbindung
Kammergericht: U7, Bus 148, 187, 204, 348 bis Kleistpark
Bellevuestraße 3: S1, S2, S25, S26, Bus 148, 200 bis Potsdamer Platz; Bus TXL, 148, 248, 348 bis Varian-Fry-Straße

IN DIESEM GEBÄUDE
TAGTE DER BERÜCHTIGTE
VOLKSGERICHTSHOF,
DER HIER UNTER ANDEREM
DIE URTEILE GEGEN DIE
WIDERSTANDSKÄMPFER
DES 20. JULI 1944 FÄLLTE

In seiner Rundfunkansprache in der Nacht vom 20. auf den 21. Juli 1944 war Hitler noch davon ausgegangen, dass es sich bei den Verschwörern um eine »ganz kleine Clique ehrgeiziger, gewissenloser und zugleich verbrecherischer, dummer Offiziere« handele. Doch die Untersuchungen von Ernst Kaltenbrunner, dem Chef des Reichssicherheitshauptamtes, ergaben ein vollkommen anderes Bild: An den Vorbereitungen zu dem Umsturzversuch waren außer einem Kreis hoher Militärs verschiedene Widerstandsgruppen mit unterschiedlichen politischen Überzeugungen und Zielen beteiligt gewesen und dies schon seit mehreren Jahren. Für einen politischen Neuanfang nach dem Sturz Hitlers existierten umfassende Pläne. Hinsichtlich der Besetzung der maßgeblichen Positionen bestanden bereits ganz konkrete Vorstellungen. Hitler reagierte mit grausamer Rache: »Ich will, dass sie gehängt werden, aufgehängt wie Schlachtvieh.« Er selbst ordnete an, die Widerstandskämpfer dem Volksgerichtshof zu überstellen, da er befürchtete, die Militärjustiz könne »zu milde« mit ihnen verfahren. So berief er kurzerhand einen »Ehrenhof«, der die verhafteten Offiziere aus der Wehrmacht ausschloss.

Am Tag nach dem Attentat wurde im Reichssicherheitshauptamt die »Sonderkommission 20. Juli« gebildet. Innerhalb kürzester Zeit waren über vierhundert Beamte mit der Beschaffung von Beweismaterial beschäftigt. Die ersten Verdächtigen hatte man bereits in der Nacht vom 20. auf den 21. Juli verhaftet. In den folgenden Wochen wurden sechs- bis siebenhundert weitere Personen festgenommen, zahlreiche Familienangehörige der Widerstandskämpfer wurden in »Sippenhaft« genommen. Ende August folgte eine neue umfassende Verhaftungswelle; mehrere tausend Menschen wurden inhaftiert, überwiegend Unbeteiligte, die nach der Vernehmung wieder auf freien Fuß gesetzt wurden. Die »Aktion Gewitter« erwies sich als ein Fehlschlag. Sie sorgte in der Bevölkerung für erhebliche Beunruhigung und führte nicht zu der von den Nationalsozialisten erhofften Zustimmung.

Mit der Durchführung der Prozesse gegen die Verschwörer beauftragte Hitler den Präsidenten des Volksgerichtshofs Roland Freisler, dessen unmenschliche, brutale Verhandlungsführung zum Inbegriff des nationalsozialistischen Justizterrors wurde. In den seltensten Fällen ging es ihm um mehr als den bloßen Tathergang; die Motive der Angeklagten und deren Biografien spielten für ihn keine Rolle: »Es gibt nämlich Taten derart grausigen Verrats, dass vor ihnen alles, was jemand vorher im Leben begangen hat, verlöscht. Falls sich herausstellen sollte, dass Sie solche Taten begangen haben, ist es also möglich, dass uns Ihr Vorleben dann gar nicht mehr interessiert.« Der fanatisch überzeugte Nationalsozialist setzte alles daran, die Angeklagten zu entwürdigen. Er ließ sie ohne Krawatte und Hosenträger in den Saal führen. Die physischen und psychischen Qualen, denen sie während der Haftzeit ausgesetzt waren, standen ihnen deutlich ins Gesicht geschrieben. Aufbrausend schrie Freisler sie an, schnitt ihnen das Wort ab, beschimpfte sie durchweg als »Lumpen«, »Würstchen«, »Früchtchen«, »Verbrecher«. Die Pflichtverteidiger, die die Anklageschriften meist erst kurz vor Prozessbeginn einsehen konnten, standen zum Teil offen auf der Seite der Anklage. Die »Verhandlungen« wurden mit versteckten Kameras aufgenommen; den ursprünglichen Plan, sie in der Wochenschau einer breiten Öffentlichkeit vorzuführen, gab man jedoch wieder auf, da Zweifel an der Wirkung von Freislers Prozessführung aufkamen – nicht zuletzt auch deshalb, weil die Angeklagten ihre politischen Ziele mit großer Standhaftigkeit und Würde vertraten.

Am 7. August 1944 begann im Plenarsaal des Berliner Kammergerichts der erste Prozess. Vor einem großen Kreis geladener Zuhörer stellte Freisler in roter Robe zu Beginn der Verhandlung fest: »Diese Anklage [...] ist die ungeheuerlichste, die in der Geschichte des deutschen Volkes je erhoben worden ist.« Alle acht Angeklagten verurteilte er zum Tod durch den Strang. Direkt nach der Urteilsverkündung am Nachmittag des 8. August wurden sie zur Hinrichtungsstätte Plötzensee überführt. In Sträflingskleidung, mit Holzpantinen an den nackten Füßen und gefesselten Händen mussten sie vor laufender Kamera einzeln den Gefängnishof zum Hinrichtungsschuppen überqueren. Im Abstand von fünf Minuten wurden sie erhängt. Selbst hier war eine Kamera aufgestellt, um ihr grausames Sterben zu Hitlers Befriedigung festzuhalten. Die meisten der im Zusammenhang mit dem Attentat vom 20. Juli gefällten Todesurteile wurden in Plötzensee vollstreckt.

Bis zum 21. April 1945 standen in über fünfzig Prozessen rund zweihundert Männer und Frauen vor dem Volksgerichtshof, mehr als hundert wurden zum Tode verurteilt und hingerichtet. Die meisten »Verhandlungen« dauerten nicht länger als zwei Tage.

Einen Monat nach Beginn der Prozesse kamen die ersten Zivilisten auf die Anklagebank, darunter der frühere Oberbürgermeister von Leipzig, Carl Friedrich Goerdeler, und der Diplomat Ulrich von Hassell. Ihnen waren in der geplanten Neuordnung hohe Positionen zugedacht worden. Goerdeler sollte Reichskanzler werden, Hassell war als Außenminister vorgesehen. Ende Oktober standen zahlreiche Widerstandskämpfer aus sozialdemokratischen, sozialistischen und gewerkschaftlichen Kreisen vor Gericht, unter anderem Adolf Reichwein, Hermann Maass und Julius Leber, der sich für das Amt des Innenministers zur Verfügung gestellt hatte. Anfang Januar 1945 verurteilte der Volksgerichtshof die Mitglieder des Kreisauer Kreises, darunter Helmuth James Graf von Moltke, Pater Alfred Delp und Franz Sperr. Einer der wenigen, die der Todesstrafe entgingen, war der spätere Bundestagspräsident Eugen Gerstenmaier. Am 2. Februar 1945 verurteilte Freisler Klaus Bonhoeffer, dessen Schwager Rüdiger Schleicher sowie Friedrich Justus Perels und Hans John zum Tode. Das waren die letzten Urteile, die er aussprach. Am nächsten Tag kam er bei dem schweren Luftangriff auf Berlin – die Alliierten warfen mehrere tausend Tonnen Sprengbomben über der Stadt ab – ums Leben. Freislers Nachfolger Harry Haffner führte die Prozesse mit gnadenloser Härte fort. Bis Anfang März 1945 wurden mindestens acht weitere Todesurteile verhängt und vollstreckt.

Vor dem Plenarsaal im Kammergericht am Kleistpark informiert eine Tafel über die Prozesse des Volksgerichtshofs, die 1944/45 hier stattfanden. Im Saal hängen zwei weitere Tafeln; die eine informiert über Freisler, die andere nennt die Namen der hier zum Tode Verurteilten. Seit 1996 tagt in diesem Raum das Berliner Verfassungsgericht.

An die menschenverachtende Urteilspraxis des Volksgerichtshofs erinnert auch eine Gedenktafel in der Bellevuestraße am Potsdamer Platz. Wenige Monate nach seiner Gründung am 14. April 1934 war der Volksgerichtshof vom Preußischen Abgeordnetenhaus in der Prinz-Albrecht-Straße (heute Niederkirchnerstraße) in das frühere Gebäude des Kaiser-Wilhelm-Gymnasiums in der Bellevuestraße 15 gezogen. Nach dem Bombenangriff am 3. Februar 1945 brannte das Haus vollständig ab. Der Volksgerichtshof setzte seine Arbeit von Potsdam aus fort und zog noch zwei Wochen vor Kriegsende nach Bayreuth. Im Oktober 2001 wurde dort, wo sich der Eingang zum Volksgerichtshof befand (heute vor dem Sony Center, Hausnummer 3), eine Bronzeplatte in den Bürgersteig eingelassen.

Der Volksgerichtshof fällte mindestens 5243 Todesurteile. Für die Zeit von 1937 bis 1939 sind 75 Todesstrafen belegt; in den beiden darauf folgenden Jahren waren es 155. Mit Freislers Amtsantritt im August 1942 stieg die Zahl der Todesurteile drastisch an. Allein in diesem Jahr wurden 1192 Menschen zum Tode verurteilt, 1943 waren es 1662 und 1944 2097. Unter seiner fanatischen Führung endete fast jeder zweite Prozess vor dem Volksgerichtshof mit der Verkündung der Todesstrafe. Seit Beginn des Zweiten Weltkriegs standen immer wieder auch Widerstandskämpfer aus den besetzten Gebieten vor diesem Gericht. Nach dem Zusammenbruch des NS-Regimes dauerte es Jahrzehnte, bis von offizieller Seite die Urteile des Volksgerichtshofs als rechtsstaatswidrig anerkannt wurden. Erst 1985 erklärte der Deutsche Bundestag die Urteile für nichtig. Keiner der beteiligten Staatsanwälte und Richter wurde in der Bundesrepublik jemals rechtskräftig verurteilt.

Orte des Erinnerns im Bayerischen Viertel

Seit seiner Entstehung Anfang des 20. Jahrhunderts war das Bayerische Viertel in Schöneberg eine unter wohlhabenden Familien beliebte Wohngegend. Bis 1933 war der Anteil jüdischer Bewohner besonders hoch. Zum Gedenken an die Ausgrenzung und Entrechtung, Vertreibung, Deportation und Ermordung von Berliner Juden durch die Nationalsozialisten schufen die Künstler Renata Stih und Frieder Schnock im Bayerischen Viertel 1993 ein außergewöhnliches Denkmal. Es besteht aus achtzig Schildern, die an Laternenmasten rund um den Bayerischen Platz befestigt sind. Auf der einen Seite sind Bilder zu sehen, auf der anderen Sätze aus Verordnungen aus den Jahren von 1933 bis 1945, die den jüdischen Bewohnern schrittweise jegliche Freiheit im Alltag und zuletzt das Recht auf Leben nahmen.

Beim Kunstamt Tempelhof-Schöneberg ist ein Übersichtsplan über die Standorte der Tafeln erhältlich. Darüber hinaus vermittelt das Kunstamt Führungen und bietet ein museumspädagogisches Begleitprogramm für Schüler aller Altersklassen an.

Kunstamt Tempelhof-Schöneberg
Haus am Kleistpark
Grunewaldstraße 6–7
10823 Berlin
Tel. 75 60 - 69 64

Verkehrsverbindung
U4 oder U7 bis
Bayerischer Platz

Jüdische Kinder dürfen
öffentliche Verkehrsmittel nur
dann für den Weg zur Schule
benutzen, wenn die Schule
weiter als fünf Kilometer von
der Wohnung entfernt ist.
24.3.1942
Denkmal
Orte des Erinnerns im Bayerischen Viertel
Ausgrenzung und Entrechtung, Vertreibung,
Deportation und Ermordung von Berliner Juden
in den Jahren von 1933 bis 1945

"Wir hatten einen Wellensittich.
Als nun die Verordnung uns
erreichte, daß Juden das Halten
von Haustieren verboten sei,
konnte sich mein Mann nicht
von diesem Tier trennen. (...)
Vielleicht hat ihn jemand
denunziert, denn mein Mann
erhielt eines Tages eine Vorladung
zur Gestapo. (...) Nach vielen
angstvoll durchlebten Wochen
bekam ich von der Polizei eine
Karte, daß ich gegen Zahlung
einer Gebühr von 3.-RM die Urne
meines Mannes abholen soll."
Bericht aus dem Jahr 1943
Denkmal
Orte des Erinnerns im Bayerischen Viertel -
Ausgrenzung und Entrechtung, Vertreibung,
Deportation und Ermordung von Berliner Juden
in den Jahren von 1933 bis 1945

Das U-Bahnschild an einem Laternenmast am Bayerischen Platz erscheint auf den ersten Blick nicht ungewöhnlich – ein weißes U auf blauem Grund, der vertraute Hinweis auf den Eingang der Station. Auf der Rückseite aber liest man die Verordnungen: »Juden dürfen öffentliche Verkehrsmittel nur noch auf dem Weg zur Arbeit benutzen. 13.9.1941«, »Vollständiges Benutzungsverbot. 24.4.1942« und »Die Benutzung von Fahrkartenautomaten ist für Juden verboten. 26.6.1942«. Ein paar Schritte weiter, vor dem Supermarkt, ist ein weiteres Schild angebracht. Auf der einen Seite ist ein Brot abgebildet. Auf der anderen Seite heißt es: »Lebensmittel dürfen Juden in Berlin nur nachmittags von 4–5 Uhr einkaufen. 4.7.1940«.

Achtzig Schilder im Format 50 mal 70 Zentimeter sind in etwa drei Meter Höhe zwischen der Bamberger Straße im Westen und der Eisenacher Straße im Osten sowie zwischen der Hohenstaufenstraße im Norden und dem Rathaus Schöneberg im Süden angebracht. 1991 hatte die Senatsverwaltung für Bau- und Wohnungswesen einen Wettbewerb »Kunst im Stadtraum« ausgelobt, der auf das jahrelange Engagement von Bürgern, dem Kunstamt Schöneberg und einen parteiübergreifenden Beschluss der Bezirksverordnetenversammlung zurückging.

Die schlichten farbigen Bildmotive auf der einen Seite erinnern an die Karten eines Memoryspiels. Es sind Abbildungen von Dingen des alltäglichen Lebens, persönliche Gegenstände, Waren, vertraute Zeichen oder Piktogramme, wie zum Beispiel eine Uhr, ein Aktenordner, eine Badehose, ein Hut, ein Stock, Schmuck, Schlüssel, Noten, ein Ortsschild. Sie bilden einen scharfen Kontrast zu den Zitaten auf der Rückseite: Verordnungen, die das Leben der jüdischen Mitbürger nach und nach in allen Bereichen einschränkten. »Das Sichtbarmachen von Sachverhalten, die in perfider Folgerichtigkeit Schritte zur Vernichtung der jüdischen Bewohner waren«, so bezeichnet Renata Stih die Leitidee des Denkmals. Die Bilder sind als Gedächtnisstützen gedacht, damit sich die Inhalte der Verordnungen nachhaltiger in die Erinnerung einprägen.

Der Terror, so führen die Tafeln mit beklemmender Deutlichkeit vor Augen, begann nicht in den Sammellagern oder an den Deportationsbahnhöfen, sondern im Alltag, inmitten der scheinbaren Normalität. »Juden werden aus Sport- und Turnvereinen ausgeschlossen. 25.4.1933. »Juden werden aus Gesangsvereinen ausgeschlossen. 16.8.1933«. »Badeverbot für Juden am Strandbad Wannsee. 22.8.1933«. Zur gleichen Zeit erhielten zahlreiche jüdische Einwohner Berlins Berufsverbot: »Jüdische Anwälte und Notare dürfen in Zukunft nicht in Rechtsangelegenheiten der Stadt Berlin tätig sein. 18.3.1933.« »Jüdische Richter werden beurlaubt. 31.3.1933.« »Sämtliche Berliner Bezirksämter sind angewiesen, jüdische Lehrkräfte an den Städtischen Schulen sofort zu beurlauben. 1.4.1933«. Die Schilder korrespondieren oft mit der heutigen Nutzung von Gebäuden und Einrichtungen und stellen damit einen Bezug zur Gegenwart her. An der Salzburger Straße zum Beispiel liest man mit Blick auf das Schöneberger Rathaus: »Jüdische Beamte werden aus dem Staatsdienst entlassen. 7.4.1933«. Die Bildseite dieser Tafel zeigt einen Stempel. In der Nähe einer Postfiliale erinnert ein Schild daran, dass die Post im Juli 1940 den jüdischen Einwohnern die Telefonanschlüsse kündigte und ihnen im Dezember 1941 die Benutzung öffentlicher Fernsprecher untersagte. Diese Schilder verstehen auch Kinder. »Für mich wäre es schrecklich, wenn mir alles verboten wird«, äußert eine Schülerin. Täglich kommt sie an einem Schild mit der Abbildung einer Katze vorbei. Auf der Rückseite heißt es: »Juden dürfen keine Haustiere mehr halten. 15.5.1942.«

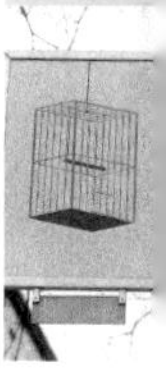

Die Entstehung des Bayerischen Viertels ist untrennbar verbunden mit dem Namen Haberland. Der jüdische Unternehmer Salomon Haberland (1836–1914) war 1890 einer der beiden Gründer der Berlinischen Bodengesellschaft. Sein Sohn Georg Haberland (1861–1933) wurde Direktor der Firma. Um die Jahrhundertwende kaufte die Gesellschaft das bis dahin noch landwirtschaftlich genutzte Gelände auf und ließ dort Straßen und Plätz anlegen. Diese Grundstruktur ist bis heute erhalten. Die Bebauungsfläche wurde aufgeteilt und an einzelne Bauunternehmer verkauft. Die ursprüngliche Absicht der Haberlands, die Fassaden möglichst einheitlich im Alt-Nürnberger Stil zu gestalten, ließ sich aufgrund der vielfältigen Vorstellungen der verschiedenen Bauherren nicht verwirklichen. Nur in einer Straße gelang die Umsetzung einer einheitlichen Architektur. Dieser Straße gab der Magistrat von Schöneberg 1906 anlässlich des 70. Geburtstages von Salomon Haberland den Namen Haberlandstraße. Obwohl ihnen große Anerkennung zuteil wurde, sahen sich die Haberlands bereits während der Entstehungszeit des Bayerischen Viertels antisemitischen Angriffen ausgesetzt.

Ärzte, Anwälte, Wissenschaftler, Beamte – wohlhabende Bürger und Angehörige des Mittelstandes, aber auch viele Künstler bezogen die neuen Mehrfamilienhäuser. Ein großer Teil der über 16 000 Juden, die bis Anfang der 1930er-Jahre in Schöneberg lebten, wohnte im Bayerischen Viertel, darunter Prominente wie Albert Einstein, die Fotografin Gisèle Freund und der Psychoanalytiker Erich Fromm. Das Zusammenleben von jüdischen und nichtjüdischen Nachbarn war über Jahre weitgehend harmonisch. Vor diesem Hintergrund ist es unvorstellbar, dass die nichtjüdischen Bewohner des Viertels die zunehmende Diskriminierung und Entrechtung der Juden seit 1933 nicht bemerkt und von ihrer Verschleppung ab 1941 nichts gewusst haben. Dies ist nur einer der Gedanken, die einen auf dem Weg durch das Bayerische Viertel von Schild zu Schild begleiten. Von den mehr als 16 000 Schöneberger Juden gelang es 10 000 rechtzeitig zu emigrieren. Über 6000 wurden deportiert; nur etwa 170 von ihnen haben überlebt.

»Straßen, die Namen von Juden tragen, werden umbenannt. 27.7.1938.« Die Umbenennung der Haberlandstraße in Treuchtlinger und Nördlinger Straße und die Zerstörung des Bayerischen Viertels im Zweiten Weltkrieg musste Georg Haberland nicht mehr erleben. Er starb 1933 und wurde auf dem Jüdischen Friedhof in der Schönhauser Allee beerdigt, dort befindet sich auch das Grab seines Vaters. Die ersten Wiederaufbaupläne in der Nachkriegszeit sahen zunächst den vollständigen Abriss des Bayerischen Viertels vor, dann aber entschied man sich, die wenigen vom Krieg verschont gebliebenen Häuser zu erhalten und Neubauten zwischen ihnen zu errichten. Die 1910 eingeweihte Synagoge in der Münchener Straße wurde trotz nur geringer Kriegsbeschädigung 1956 abgerissen. An ihren Standort erinnert ein Gedenkstein. 1996 erhielt der südliche Teil der früheren Haberlandstraße seinen ursprünglichen Namen zurück.

Am Schöneberger Rathaus, am Bayerischen Platz und im nördlichen Teil der Münchener Straße sind drei Bildtafeln aufgestellt. Sie dokumentieren die historische Bebauung der 1930er-Jahre.

Die Versorgung von Juden
mit Fleisch und Fleisch-
produkten und anderen
zugeteilten Lebensmitteln
wird eingestellt.
18.9.1942
H150
0.2
5.7

JÜDISCHES GEMEINDEHAUS
EIN GESETZ SEI FÜR DEN
BÜRGER UND FÜR DEN
FREMDEN DER
EUCH IST

Synagoge Fasanenstraße

Die Liberale Synagoge in der Charlottenburger Fasanenstraße war neben der Neuen Synagoge in Mitte das berühmteste jüdische Gotteshaus der Stadt. Sie gehörte zu den bekanntesten Synagogen nicht nur in Deutschland, sondern europaweit. Mit seinem Entwurf hatte der Architekt Ehrenfried Hessel einen 1907 öffentlich ausgeschriebenen Wettbewerb gewonnen. 1912 fand die Einweihung des Bauwerks statt. In der Pogromnacht im November 1938 wurde die Synagoge von den Nationalsozialisten in Brand gesteckt und schwer beschädigt, dann durch Bomben im Zweiten Weltkrieg weiter zerstört und schließlich 1957/58 abgerissen. An ihrer Stelle wurde 1959 das nach Plänen von Dieter Knoblauch und Heinz Heise erbaute Jüdische Gemeindezentrum eröffnet, das mit seinem Festsaal, der Jüdischen Volkshochschule, einer umfangreichen Bibliothek und mit einem vielfältigen Veranstaltungsprogramm den Mittelpunkt der Jüdischen Gemeinde Berlins bildet.

Jüdisches
Gemeindezentrum
Fasanenstraße 79/80
10623 Berlin
Tel. 880 28-0

Verkehrsverbindung
S3, S5, S7, S9, S75,
Bus X34 bis Savignyplatz
(drei Minuten Fußweg);
Bus 149 bis Uhlandstraße/Kantstraße

»Am späten Abend des 9. November 1938 stand ich vor der brennenden Synagoge Fasanenstraße. Ich hörte viele Menschen, die ihrem Erschrecken Ausdruck gaben, ich sah aber auch andere, die mit hochgeschlagenem Mantelkragen an der brennenden Synagoge vorbeigingen ohne ein Wort. Sie wollten nichts wahrnehmen, während andere wiederum ihrer Empörung Ausdruck gaben, dass man selbst vor Gotteshäusern nicht halt mache«, erinnerte sich Heinz Galinski, der ab 1949 bis zu seinem Tod 1992 Vorsitzender der Jüdischen Gemeinde zu Berlin war und darüber hinaus viele Jahre Vorsitzender des Zentralrats der Juden in Deutschland.

Innerhalb der nichtjüdischen Bevölkerung hatte der Pogrom zwar nicht zu einer aktiven Parteinahme für die Juden geführt, überwiegend aber doch Entsetzen ausgelöst. In manchen Gegenden fand die SA bei der Verwüstung und Zerstörung jüdischer Einrichtungen und jüdischen Eigentums jedoch auch spontane Unterstützung. Insbesondere rund um die Synagoge in der Fasanenstraße ergriffen viele Berliner, die nicht zu den Zerstörungskommandos der SA gehörten, die Gelegenheit, sich persönlich zu bereichern, und plünderten die Warenauslagen der jüdischen Geschäfte, nachdem SA-Männer die Schaufensterscheiben eingeschlagen hatten und weitergezogen waren. Die »Deutschlandberichte der SPD« vermerkten im Exil: »Nach allem, was man erfahren hat, ist aus Anlass der Aktion sehr viel gestohlen worden. So hat man z.B., besonders in den Nebenstraßen des Kurfürstendamms, in den Schuhgeschäften viel geklaut. Zunächst hat man die Schuhe und die Schuhkartons in hohem Bogen auf die Straße geworfen, sodass sie bis auf den Fahrdamm fielen und die Autos darüber hinwegfuhren. Dann aber hat man ergriffen, was man greifen konnte, und manche Leute sind mit fünf bis sechs Schuhkartons unter dem Arm abgezogen.«

Als der damals fünfzehnjährige Peter Gay, heute Historiker in den USA, am Morgen des 10. November die Gegend um den Kurfürstendamm mit dem Fahrrad abfuhr, bot sich ihm der Anblick vollständiger Zerstörung: »Der Weg [...] führte mich durch die Tauentzienstraße mit ihren – über drei oder vier lange Häuserblocks reichenden – großen Einzelhandelsgeschäften. Die Fassaden waren zertrümmert, die riesigen Schaufenster zerschmettert, Schaufensterpuppen und Waren lagen verstreut auf dem Gehweg herum.« Auch das Geschäft seines Onkels am Olivaer Platz war nicht verschont geblieben: »Tante Hede kniff die Lippen zusammen, Onkel Samuel weinte [...] Die hüfthohen Glastheken mit Strümpfen, Handschuhen und Damenunterwäsche hatten sich als unwiderstehlich erwiesen; sie waren in Stücke geschlagen und ihr Inhalt brutal in Fetzen gerissen worden [...] Es war, als sei ein Hurrikan über das Geschäft hinweggefegt.«

Die Liberale Gemeindesynagoge in der Fasanenstraße im damals noch selbstständigen Charlottenburg entstand in den Jahren 1910 bis 1912. Seit der Jahrhundertwende bildete der nahe gelegene Kurfürstendamm, der in den 1880er-Jahren nach dem Vorbild der Pariser Champs-Elysées zu einem modernen Boulevard ausgebaut worden war, mit seinen prachtvollen Häusern, exklusiven Geschäften und Restaurants mehr und mehr einen Anziehungspunkt für das wohlhabende Bürgertum. Hier im »Neuen Westen« pulsierte das Leben, schlug der Takt der Zeit in immer schnellerem Tempo. Kabaretts, Theater, Kinos und zahlreiche berühmte Cafés, in denen sich Schauspieler, Schriftsteller und andere Künstler trafen, machten den Kurfürstendamm und seine Umgebung zum kulturellen Zentrum Berlins der 1920er-Jahre. Knapp ein halbes Jahrhundert nach Errichtung der Neuen Synagoge in der Oranienburger Straße war der monumentale Bau in der Fasanenstraße mit den drei großen Kuppeln, der fast 2000 Menschen Platz bot, Ausdruck jüdischen Selbstbewusstseins im ausgehenden Kaiserreich. Hier predigte der Rabbiner Leo Baeck, einer der bedeutenden Gelehrten des liberalen deutschen Judentums. Kaiser Wilhelm II. ließ es sich nicht nehmen, die Synagoge in der Fasanenstraße zu besichtigen. Zwar waren Kaiser und Kaiserreich nicht frei von antisemitischen Tendenzen, aber die Gesetze, die die Juden den nichtjüdischen Einwohnern rechtlich gleichstellten, wurden respektiert.

Die Verhaftungen jüdischer Mitbürger, die »Arisierung« jüdischen Eigentums, auch die unübersehbaren Beschädigungen und Zerstörungen in der Pogromnacht im November 1938 müssen den Berlinern täglich vor Augen geführt haben, wie bedrohlich und ungewiss die Lage für Juden geworden war. Die Zahl der jüdischen Einwohner Berlins, die ihre Flucht vorbereiteten, stieg nach dem 9. November 1938 sprunghaft an. Allein im ersten Halbjahr 1939 verließen 16 000 Juden Berlin – das entsprach der Zahl der Emigranten des gesamten vorherigen Jahres. Mehr als die Hälfte der rund 160 000 Juden, die zur Zeit der nationalsozialistischen Machtübernahme in der deutschen Hauptstadt lebten, hatten bis zum Ausbruch des Zweiten Weltkriegs im September 1939 die Stadt verlassen. Nahe der Fasanenstraße, am Haus in der Meinekestraße 10, erinnert eine Gedenktafel an das Palästina-Amt der *Jewish Agency*, das etwa 50 000 Menschen in ganz Deutschland zur Auswanderung nach Palästina verhalf, bevor es 1941 schließen musste.

Die Ruine der Synagoge stand nach dem Zweiten Weltkrieg noch über zehn Jahre, ehe sie gesprengt und die letzten Trümmer 1958 beseitigt wurden: Bundesregierung, Berliner Senat und Jüdische Gemeinde hatten den Neubau eines Jüdischen Gemeindezentrums an dieser Stelle beschlossen. Für die Gestaltung des Eingangs verwendeten die Architekten Dieter Knoblauch und Heinz Heise Reste des ursprünglichen Portals. Die drei Oberlichtkuppeln des Festsaals, der zu hohen Feiertagen auch als Betraum genutzt wird, erinnern an die drei Kuppeln der alten Synagoge. Auf dem Vorplatz wurde 1987 zum Gedenken an die Pogromnacht eine Bronzeskulptur von Richard Heß aufgestellt, die eine beschädigte Thorarolle darstellt. Im Innenhof steht eine Gedenkwand, die die Namen von 22 Gettos, Internierungs-, Konzentrations- und Vernichtungslagern trägt, in die über 50 000 Juden aus Berlin deportiert wurden. An dieser Stelle finden regelmäßig Gedenkfeiern statt, wie etwa am Jahrestag des Novemberpogroms oder des Aufstands im Warschauer Getto am 19. April 1943. Den entschlossenen Wiederaufbau des jüdischen Gemeindelebens nach dem Zweiten Weltkrieg hat die Stadt Berlin vor allem dem beharrlichen Engagement von Heinz Galinski und der SPD-Bundestagsabgeordneten Jeanette Wolff zu verdanken, die von 1965 bis 1975 Stellvertretende Vorsitzende des Zentralrats der Juden in Deutschland war.

Reichskriegsgericht und Denkzeichen zur Erinnerung an die Ermordeten der NS-Militärjustiz am Murellenberg

Während des Zweiten Weltkriegs sprach das Reichskriegsgericht in der Charlottenburger Witzlebenstraße vermutlich mehr als 1400 Todesurteile aus. Unter den Verurteilten waren fahnenflüchtige Wehrmachtsoldaten, Kriegsdienstverweigerer, Widerstandskämpfer, aber auch der »Wehrkraftzersetzung« für schuldig befundene Zivilisten. Mehrere Gedenktafeln um das ehemalige Reichskriegsgericht erinnern an die Urteile, die an diesem Ort gefällt wurden. Am Witzlebenplatz steht ein Verkehrsspiegel der Künstlerin Patricia Pisani. Das Denkzeichen verweist zugleich auf die von ihr entworfene Installation aus 104 Verkehrsspiegeln am Charlottenburger Murellenberg, wo viele der Verurteilten erschossen wurden. Die Initiative für ein Zeichen der Erinnerung an diesem Ort geht auf Pfarrer Manfred Engelbrecht und die evangelische Kreissynode Charlottenburg zurück und wurde von der Senatsverwaltung für Stadtentwicklung umgesetzt.

Verkehrsverbindungen
Ehemaliges Reichskriegsgericht, Witzlebenstraße 4–5:
U2 oder Bus 210 bis Sophie-Charlotte-Platz
Murellenberg-Waldweg am Parkplatz Glockenturmstraße: S9 oder S75 bis Pichelsberg; Bus 218 bis Waldbühne

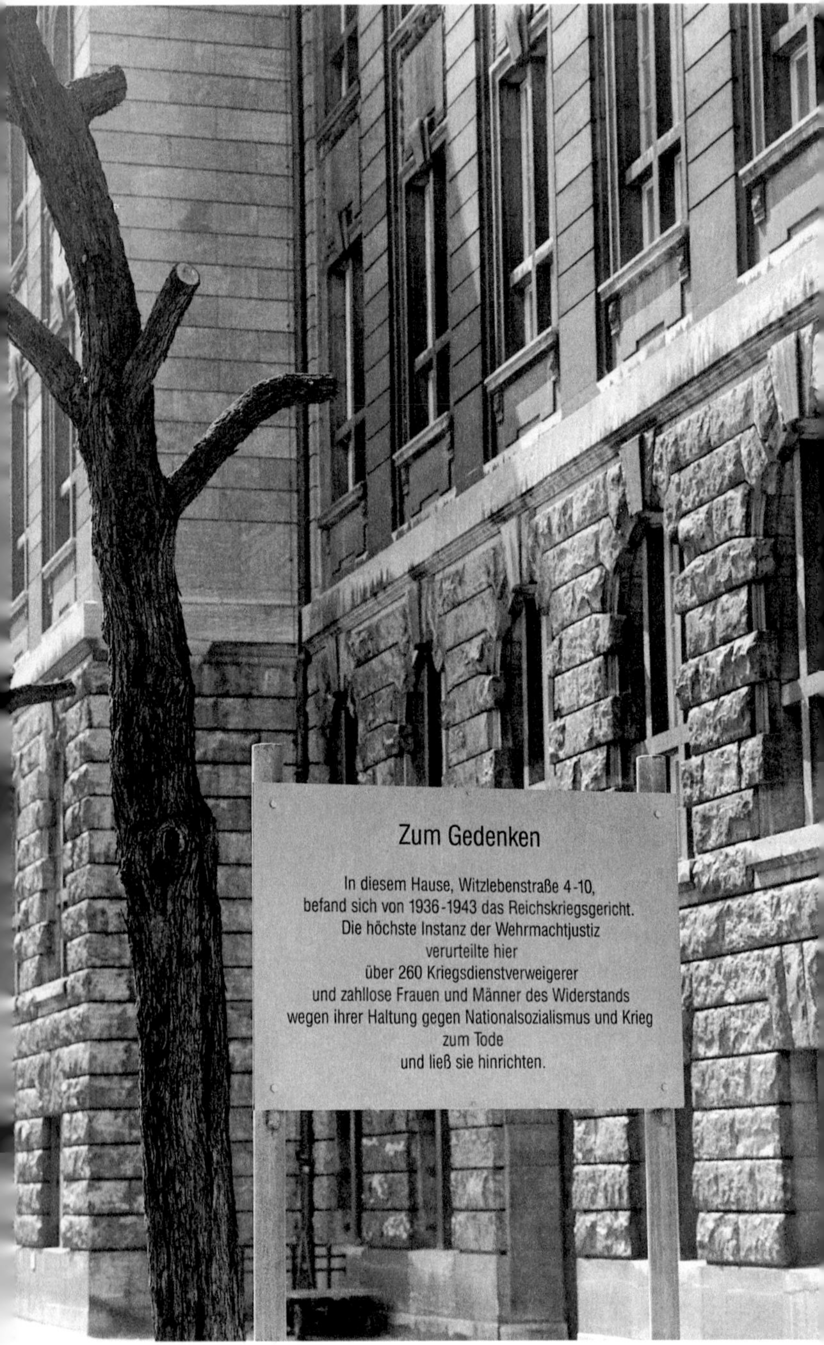
Zum Gedenken
In diesem Hause, Witzlebenstraße 4-10,
befand sich von 1936-1943 das Reichskriegsgericht.
Die höchste Instanz der Wehrmachtjustiz
verurteilte hier
über 260 Kriegsdienstverweigerer
und zahllose Frauen und Männer des Widerstands
wegen ihrer Haltung gegen Nationalsozialismus und Krieg
zum Tode
und ließ sie hinrichten.

Das Reichskriegsgericht war der höchste Gerichtshof der Wehrmachtjustiz. Nachdem die Militärgerichtsbarkeit zu Beginn der Weimarer Republik abgeschafft worden war, hatten die Nationalsozialisten sie zum 1. Januar 1934 wieder eingeführt. Zunächst wurde sie von einem besonderen Senat des Reichsgerichts ausgeübt. Mit Gründung des Reichskriegsgerichts am 1. Oktober 1936 gingen die Zuständigkeiten auf den neuen Gerichtshof über, der seinen Sitz im Gebäude des ehemaligen Reichsmilitärgerichts in Charlottenburg hatte. Das zwischen 1908 und 1910 von Heinrich Kayser und Karl von Großheim errichtete Amtsgebäude existiert noch heute. Nach Auflösung des Reichsmilitärgerichts 1920 waren in den Räumen zunächst das Reichswirtschafts- und das Kartellgericht untergebracht. 1938/39 zogen diese Institutionen aus. Wegen der zunehmenden Luftangriffe der Alliierten wurde das Reichskriegsgericht im August 1943 nach Torgau verlegt. Von Beginn der 1950er-Jahre bis 1997 diente das Gebäude als Sitz des Kammergerichts und des Fünften Senats des Bundesgerichtshofs. Heute steht es leer.

Mit Inkrafttreten der Kriegsstrafverfahrensordnung am 26. August 1939 war das Reichskriegsgericht für Hoch- und Landesverrat, Kriegsverrat, Spionage und »Zersetzung der Wehrkraft« etwa durch Eides- und Kriegsdienstverweigerung, Fahnenflucht oder Desertion zuständig. Pazifismus und jeglicher Widerstand gegen den bevorstehenden Krieg sollten durch diese Verordnung mit aller Härte bekämpft werden. Bis zum 7. Februar 1945 sprach das Reichskriegsgericht einer eigenen Statistik zufolge 1189 Todesurteile aus, von denen 1049 vollstreckt wurden. Insgesamt verhängten deutsche Kriegsgerichte während des Zweiten Weltkriegs über 30 000 Todesstrafen. Mehr als 20 000 der Verurteilten wurden hingerichtet. Im Vergleich dazu hatte die Militärjustiz des Kaiserreichs während des Ersten Weltkriegs 150 Todesurteile ausgesprochen und zwei Drittel der Verurteilten begnadigt.

Unter den zivilen Opfern des Reichskriegsgerichts befanden sich vor allem auch Mitglieder der seit Frühjahr 1933 verbotenen Zeugen Jehovas. Viele von ihnen waren bereits zu Beginn der NS-Diktatur in Konzentrationslager eingewiesen worden, weil sie sich dem Regime konsequent verweigerten und den Kriegsdienst ablehnten. Zahlreiche Zeugen Jehovas wurden aus diesem Grund zum Tode verurteilt. Das Reichskriegsgericht verurteilte nicht nur

Kriegsgegner, Kriegsdienstverweigerer oder Deserteure aus dem eigenen Land, sondern auch Angehörige ausländischer Widerstandsbewegungen in den von den Nationalsozialisten besetzten Staaten West- und Osteuropas.

Zu den bekanntesten Prozessen vor dem Reichskriegsgericht zählen die mehr als zwanzig Verfahren gegen die Widerstandskämpfer um die »Rote Kapelle«. Bereits mit der Machtübernahme der Nationalsozialisten hatten sich um den Volkswirtschaftler Arvid Harnack und seine Frau Mildred, eine aus den USA stammende Literaturwissenschaftlerin, wie auch um den Oberleutnant im Reichsluftfahrtministerium Harro Schulze-Boysen und seine spätere Frau Libertas Widerstandskreise gebildet. Mit Beginn des Zweiten Weltkriegs fanden sich die beiden bis dahin weitgehend voneinander unabhängig operierenden Gruppen zusammen und versuchten die Bevölkerung durch Flugblätter und

illegale Informationsschriften über die Kriegsziele der Nationalsozialisten aufzuklären. Vor dem deutschen Überfall auf die Sowjetunion übermittelte die Harnack/Schulze-Boysen-Organisation militärische Daten an Vertreter des sowjetischen Geheimdienstes in Berlin. Die Gestapo, die die Organisation im Sommer 1942 aufdeckte, sah in der von ihr so genannten Roten Kapelle vor allem eine Spionageorganisation der Sowjetunion; die Anklage entwarf das Zerrbild einer von »kommunistischem Fanatismus getriebenen Gruppe«. Zwischen Dezember 1942 und September 1943 verurteilte das Reichskriegsgericht rund achtzig Angehörige dieses Widerstandskreises wegen »Spionage«, »Feindbegünstigung« und »Vorbereitung zum Hochverrat« zum Tode oder zu hohen Zuchthausstrafen. Mehr als fünfzig Mitglieder, unter ihnen zahlreiche Frauen, wurden hingerichtet, die meisten in Plötzensee.

Ende der 1980er-Jahre setzte sich eine Bürgerinitiative dafür ein, am Gerichtsgebäude in der Witzlebenstraße eine Gedenktafel für die Opfer der hier gesprochenen Urteile anzubringen. Doch die Bemühungen blieben zunächst erfolglos. Auf welche Ablehnung die Aufarbeitung der nationalsozialistischen Vergangenheit des Gebäudes stieß, zeigt das Beispiel eines Richters am Kammergericht, der eine provisorische Holztafel entfernen und zerstören ließ. Nach dem einstimmigen Beschluss der Charlottenburger Bezirksversammlung wurde schließlich am 1. September 1989, dem 50. Jahrestag des Kriegsbeginns, eine metallene Gedenktafel auf dem Bürgersteig vor dem Eingang des ehemaligen Reichskriegsgerichts aufgestellt.

An der Mauer, die das Gelände zum Witzlebenplatz hin begrenzt, sind zwei weitere Gedenktafeln befestigt. Die eine wurde 1984 angebracht und erinnert an Karl Sack, der 1938/39 Richter am Reichskriegsgericht war. Aufgrund seiner Verbindung zu den Verschwörern vom 20. Juli 1944 – er sollte nach Hitlers Sturz Justizminister werden – wurde er im April 1945 im Konzentrationslager Flossenbürg ermordet. Als Chef der Heeresjustiz zwischen 1942 und 1944 war er jedoch für die drakonische Urteilspraxis der nationalsozialistischen Justiz mitverantwortlich. Wegen der Ambivalenz, die sein Leben kennzeichnet, war die Gedenktafel umstritten. Dass bis 1989 an diesem Ort nichts an die Opfer der Militärgerichtsbarkeit erinnerte, entsprach ganz der Haltung weiter Kreise der westdeutschen Öffentlichkeit und Justiz, die die Rolle der nationalsozialistischen Militärgerichtsbarkeit in den ersten Nachkriegsjahrzehnten bewusst verharmlosten. Kein einziger Richter oder Staatsanwalt des Reichskriegsgerichts wurde je von einem bundesdeutschen Gericht verurteilt; viele von ihnen nahmen in der Nachkriegszeit sogar erneut Spitzenpositionen in der Justiz ein.

Die zweite Tafel an der Außenmauer wurde 1997 angebracht und gilt dem Gedenken an den österreichischen Landwirt und Bergbauarbeiter Franz Jägerstätter, der aus seinem tiefen christlichen Glauben heraus jede Gewaltanwendung ablehnte und den Kriegsdienst verweigerte. 1943 wurde er vom Reichskriegsgericht zum Tode verurteilt und im Zuchthaus Brandenburg hingerichtet.

Seit Mai 2002 macht am Witzlebenplatz ein rotweiß gerahmter Verkehrsspiegel auf das Gerichtsgebäude aufmerksam. Er ist Teil von Patricia Pisanis Denkzeichen zur Erinnerung an die Ermordeten der NS-Militärjustiz am Murellenberg, das aus 104 Spiegeln aus poliertem Stahlblech besteht und ein paar Kilometer weiter westlich von hier am Murellenberg aufgestellt wurde. An diesem Ort hatten die Nationalsozialisten eine Hinrichtungsstätte eingerichtet. Hier wurden zwischen August 1944 und April 1945 überwiegend vom Reichskriegsgericht verurteilte Deserteure und Kriegsdienstverweigerer erschossen. Die genaue Zahl der Opfer ist unbekannt; 230 konnten bisher namentlich ermittelt werden. Die ersten Spiegel stehen am Waldweg, der beim Parkplatz Glockenturmstraße an der Waldbühne beginnt. Weg und Zeichen führen auf eine Anhöhe in dem Kiefern- und Eichenwald. Dort steht eine ganze Gruppe von Spiegeln. Sie zeigen dem Betrachter das eigene Spiegelbild und die Umgebung in immer wieder neuen Perspektiven. »Wie Verkehrsspiegel auf Gefahrenstellen im Straßenverkehr hinweisen, sollen sie auch hier eine spezifische Situation vor Augen führen, die außerhalb des Gesichtsfeldes liegt und auf diese Weise virtuell auf die verdrängten Verbrechen der NS-Justiz verweisen«, – so erklärt Patricia Pisani ihre Arbeit.

In sechzehn Spiegel sind Inschriften eingraviert, die über die Urteilspraxis der NS-Militärgerichtsbarkeit informieren und über den geradezu feindseligen Umgang mit Deserteuren im Nach-

kriegsdeutschland. Erst in den 1990er-Jahren zeichnete sich ein Stimmungswandel ab. 1997 erklärte der Deutsche Bundestag die Urteile der Wehrmachtjustiz während des Zweiten Weltkriegs »unter Anlegung rechtsstaatlicher Wertmaßstäbe« für Unrecht. Auf einigen Spiegeln sind Aussagen von Augenzeugen der Erschießungen festgehalten, wie zum Beispiel die eines fünfzehnjährigen Soldaten: »Wir wurden dazu gezwungen, uns im Dreieck aufzustellen, und dann mussten wir zusehen, wie der arme Kerl da erschossen wurde.«

Militärische Anlagen mit Kasernen und Schießständen existieren am Murellenberg bereits seit der Zeit um 1840. Während des Kalten Krieges wurden sie von den britischen Alliierten und seit deren Abzug nach der Wiedervereinigung Deutschlands von der Berliner Polizei genutzt. Der authentische Ort ist nicht zugänglich, da er sich innerhalb eines Sperrgebiets befindet. Daher ist ein Teil der Spiegel am Rande des umzäunten Terrains aufgestellt worden. Ein weiterer Verkehrsspiegel steht im Murellenweg an der Fließwiese am nördlichen Zugang zum Murellenberg.

791 JUDEN NACH AUSCHWIT
1001 JUDEN NACH AUSCHWIT
997 JUDEN NACH RIGA
811 JUDEN NACH AUSCHWIT
1210 JUDEN NACH AUSCHWIT
1000 JUDEN NACH AUSCHWIT
952 JUDEN NACH AUSCHWIT
1000 JUDEN NACH AUSCHWIT
1100 JUDEN NACH
1758 JUDEN NACH AUSCHWIT
1732 JUDEN NACH AUSCHWIT
1143 JUDEN NACH AUSCHWIT
662 JUDEN NACH AUSCHWIT
947 JUDEN NACH AUSCHWIT
688 JUDEN NACH AUSCHWIT
395 JUDEN NACH AUSCHWIT

Von der Synagoge in der Levetzowstraße zum Güterbahnhof Putlitzstraße

In der Levetzowstraße, Ecke Jagowstraße, in Moabit befand sich eine der größten Synagogen Berlins. 1941 machten die Nationalsozialisten das jüdische Gotteshaus zum ersten Sammellager für Juden. Tausende jüdische Einwohner Berlins wurden von hier aus in die Vernichtungslager deportiert. Einer der drei Berliner Deportationsbahnhöfe, der Moabiter Bahnhof Putlitzstraße, heute der S- und U-Bahnhof Westhafen, war nicht weit von der Levetzowstraße entfernt. Am Bahnhof Putlitzstraße, Güterbahnhof Grunewald und Anhalter Bahnhof wurden die Menschen in Viehwaggons gedrängt, die sie dem Tod entgegenfuhren. Auf dem Grundstück der Synagoge und auf der Putlitzbrücke erinnern heute Mahnmale an die Deportation und Ermordung der Berliner Juden.

Verkehrsverbindung
Levetzowstraße: Bus 341 bis Zinzendorfstraße
Putlitzbrücke: S41, S42, S46, S47 oder U9 bis Westhafen

Am 1. Oktober 1941, an Jom Kippur, dem höchsten jüdischen Feiertag, zwang die Gestapo die Jüdische Gemeinde von Berlin, die Liberale Synagoge in der Levetzowstraße in Moabit als Durchgangslager für tausend Personen einzurichten. Im Gegensatz zu vielen anderen Berliner Synagogen war dieses Gebäude bei dem Novemberpogrom 1938 nur geringfügig beschädigt worden. Einen Monat zuvor hatte eine Polizeiverordnung die Juden im ganzen Deutschen Reich verpflichtet, als Erkennungszeichen den »Judenstern« »sichtbar auf der linken Brustseite des Kleidungsstückes fest aufgenäht zu tragen«. Für einen Großteil der Berliner Juden wurde das Sammellager in der Levetzowstraße eine letzte Durchgangsstation auf dem Weg in die Gettos, Konzentrations- und Vernichtungslager in den besetzten Gebieten in Osteuropa. »Abwanderung«, »Evakuierung« oder »Umsiedlung in den Osten« – dies waren die Bezeichnungen, mit denen das Wirtschafts- und Verwaltungshauptamt der SS seine mörderischen Pläne zynisch kaschierte.

Die Jüdische Gemeinde musste ihre Mitglieder schriftlich auffordern, sich zur »Evakuierung« in der Synagoge einzufinden. Wer nicht freiwillig kam, wurde von der Gestapo gewaltsam aus der Wohnung geholt und in das Sammellager geschleppt. In der Annahme, die »Umsiedlung« könne den Juden die alltägliche Diskriminierung ersparen, aber auch, um sie vor den menschenverachtenden, brutalen Methoden von SA und SS zu schützen, bemühte sich die Gemeinde um eine möglichst reibungslose Abwicklung der ihr aufgezwungenen Organisation. Hildegard Henschel, die Frau des letzten Vorsitzenden der Jüdischen Gemeinde während der NS-Zeit, berichtet: »Eine vorzüglich organisierte fieberhafte Tätigkeit begann. Lebensmittel, Medikamente, sanitäre Hilfsmittel, Wäsche, Kleider, Schuhe aus der Kleiderkammer, alles wurde nach der Levetzowstraße geschafft, und in wenigen Stunden arbeiteten getrennte Küchen für Erwachsene und Kinder, arbeitete eine Abteilung des Jüdischen Krankenhauses mit Ärzten und Schwestern als Unfallstation und Erste Hilfe, es gab ein abgesondertes Kinderzimmer für Kleinkinder unter der Leitung von Kinderschwestern und Kindergärtnerinnen, man richtete ein Matratzenlager für ältere und schwächlichere Personen ein; junge und gesunde Menschen mussten die Zeit auf der Tempelbestuhlung, der Empore verbringen; man organisierte einen Gepäckträgerdienst aus den Beamten und Angestellten der Ge-

meinde und der Reichsvereinigung und in einer in der Nähe gelegenen Küche der Gemeinde wurden Proviantpakete für jede einzelne Person gepackt.«

Vom Sammellager in der Levetzowstraße wurden die Menschen auf Lastwagen zusammengepfercht zu den Deportationsbahnhöfen transportiert oder zu Fuß durch die Straßen getrieben. Der Weg zum Güterbahnhof Putlitzstraße führte durch die Jagowstraße, Alt-Moabit, die Lübecker Straße, Perleberger Straße, Havelberger Straße und Quitzowstraße. Ein paar Schritte weiter standen auf einem Nebengleis die Deportationszüge bereit. Mit Peitschen, Gewehrkolben und Hunden zwangen SS-Männer die Juden in die Waggons.

Am 18. Oktober 1941 verließ der erste Deportationszug mit über tausend Menschen Berlin Richtung Lodz. Bis zum März 1945 brachten 63 Züge mehr als 35 000 Juden von den Bahnhöfen Grunewald, Putlitzstraße und vom Anhalter Bahnhof aus in die Konzentrations- und Vernichtungslager in den besetzten Ostgebieten. Ein »Transport« umfasste bis zu 1900 Menschen. Anfangs setzte die Deutsche Reichsbahn Personenwagen dritter Klasse ein, wechselte sie aber bereits nach kurzer Zeit gegen offene und ungeheizte Viehwaggons aus. Darüber hinaus transportierten 122 weitere Züge fast 15 000 Juden in das Getto Theresienstadt bei Prag. Viele Menschen starben schon während der Fahrt durch Schock, vor Durst, Hunger oder durch die grausame Behandlung ihrer Bewacher.

Die Synagoge in der Levetzowstraße wurde im Zweiten Weltkrieg schwer beschädigt und 1955 zum Abriss freigegeben. An diesem Ort steht seit 1988 ein Denkmal in mehreren Teilen nach einem Entwurf des Bildhauers Peter Herbrich und der Architekten Theseus Bappert und Jürgen Wenzel. Steil in den Himmel ragt eine von dunkelrotem Rost überzogene Eisenwand. Sie hat die Höhe der einstigen Synagoge. Durch die vielen ausgestanzten Zahlen und Buchstaben bricht an manchen Tagen das Sonnenlicht grell hervor. Die Liste auf der Flammenwand, wie die Künstler sie nannten, dokumentiert jeden einzelnen der 63 von Berlin ausgehenden »Transporte« nach Lodz, Minsk, Kowno, Riga, Twarniki, Reval, Bergen-Belsen, Ravensbrück und Sachsenhausen. Das Ziel der meisten Züge war Auschwitz. Jeweils eine Zeile nennt das

Datum, den Bestimmungsort und die Anzahl der Deportierten und belegt die mörderische Akribie der nationalsozialistischen Schreibtischtäter.

Auf dem Boden vor der Eisenwand, dort, wo sich einst der Eingang der Synagoge befand, erinnern 36 gusseiserne Reliefs an die Berliner Gemeinde- und Vereinssynagogen. Sie stehen für die Auslöschung und den Verlust der jüdischen Religion und Kultur in Deutschland. Vor den Reliefs erhebt sich eine Rampe mit einem großen Marmorblock, der eine Gruppe Gefangener andeutet. Die Rampe führt zu einem Güterwaggon aus Cortenstahl; das Dach wird von weiteren Marmorblöcken, die ebenfalls menschliche Umrisse erkennen lassen, getragen.

Der Entwurf zu dieser Gedenkstätte und seine Umsetzung hatten kontroverse Diskussionen ausgelöst. Mancher kritisierte die Anlage als zu monumental und dramatisch überhöht. Auch die Tat-

sache, dass die 122 Züge nach Theresienstadt unberücksichtigt blieben, stieß auf Kritik. Kaum mehr als ein Zehntel ihrer Insassen überlebte. Dennoch ist das Denkmal vor allem innerhalb des Bezirks für die Auseinandersetzung mit dem Nationalsozialismus von besonderer Bedeutung: Seit seiner Einweihung finden hier regelmäßig Gedenkveranstaltungen statt, wie etwa am 9. November in Erinnerung an den Pogrom 1938. Es regt Lehrer und Schüler an, sich mit der Zeit des »Dritten Reichs« in ihrer Umgebung zu befassen. Immer wieder ist es Ausgangspunkt für Gedenk- und Schweigemärsche, die ihren Weg von hier aus zum Mahnmal auf der Putlitzbrücke nehmen.

Dieses Mahnmal, das 1987 in der Mitte der Brücke direkt über den Gleisen des ehemaligen Deportationsbahnhofs Putlitzstraße errichtet wurde, stammt von dem Berliner Bildhauer Volkmar Haase. Das eine Ende des mehrfach geknickten breiten Stahlbands mit einem Davidstern ist wie ein Grabmal gestaltet. Eine Inschrift erinnert an die letzten Schritte, die die jüdischen Menschen unterhalb der Brücke über die Rampen, Gleise, Stufen, Treppen gehen mussten. Das andere Ende der Stahlkonstruktion ragt hoch über das Brückengeländer hinaus schräg in den Himmel und läuft in einer schiefen Treppe, in kippenden Stufen aus. Lässt sich die Strecke, die die Opfer vom Sammellager in der Levetzowstraße zum Bahnhof Putlitzstraße quer durch Moabit zurücklegen mussten, zumindest noch äußerlich nachvollziehen, so bricht hier der Weg, der keiner mehr war, abrupt ab – so deutet es das Mahnmal an.

Gedenkstätte Plötzensee

Der Name der Strafanstalt Plötzensee steht für den unmenschlichen Strafvollzug der nationalsozialistischen Gewaltherrschaft. Zwischen 1933 und 1945 wurden an diesem Ort fast 2900 Menschen hingerichtet. Viele von ihnen waren politische Gegner des Regimes aus dem In- und Ausland. Der Raum, in dem die Hinrichtungen stattfanden, ist heute ein Ort des Gedenkens. Im Nebenraum dokumentiert eine Ausstellung den Vollzug nationalsozialistischer Justizmorde. Nahe der Gedenkstätte, am Heckerdamm, befindet sich die katholische Gedächtniskirche Maria Regina Martyrum. Im benachbarten Evangelischen Gemeindehaus Plötzensee ist der Bilderzyklus »Plötzenseer Totentanz« von Alfred Hrdlicka zu sehen.

Gedenkstätte Plötzensee
Hüttigpfad · 13627 Berlin
Tel. 26 99 50 00
(Gedenkstätte Deutscher Widerstand)
Öffnungszeiten
März bis Oktober täglich 9 bis 17 Uhr,
November bis Februar täglich 9 bis 16 Uhr.
Am 23., 24., 25., 26., 31. Dezember und 1. Januar ist die Gedenkstätte geschlossen.
Verkehrsverbindung
S41, S42, S46, S47 bis Beusselstraße (weiter mit Bus TXL);
Bus TXL bis Gedenkstätte Plötzensee

Maria Regina Martyrum und Karmel-Kloster
Heckerdamm 230–232
13627 Berlin
Tel. 382 60 11
Öffnungszeiten: täglich etwa 9 bis 16.30 Uhr (unregelmäßig, mittags manchmal geschlossen),
Samstag und Sonntag meist nur vormittags

Evangelisches Gemeindezentrum Plötzensee
Heckerdamm 226
13627 Berlin
Besichtigung nur nach telefonischer Anmeldung,
Tel. 381 34 78 und 383 03 717
Verkehrsverbindung
Bus 109, 121, 225 bis Weltlingerbrücke; Bus 123 bis Gloedenpfad

Unweit des gleichnamigen Sees in Charlottenburg, an der Grenze zum Bezirk Wedding, liegt die Gedenkstätte Plötzensee inmitten der Vollzugsanstalten der Berliner Justizverwaltung. Der kleine unauffällige Ziegelbau war während der Zeit des Nationalsozialismus eine der größten Hinrichtungsstätten Deutschlands. Hier und im Zuchthaus Brandenburg wurden die meisten der vom Volksgerichtshof und vom Reichskriegsgericht gefällten Todesurteile vollstreckt. Zu den Opfern zählten viele Widerstandskämpfer. Zahlreiche Mitglieder verschiedener Widerstandsgruppen, aber auch Einzelne, die sich dem Unrechtssystem entgegenstellten, fanden hier den Tod.

1952 als erste offizielle Gedenkstätte für die Opfer des Nationalsozialismus in Westberlin eingeweiht, war Plötzensee zugleich einer der ersten Erinnerungsorte an einem authentischen Schauplatz des Verbrechens. Die Gedenkstätte ist den Hingerichteten und allen Menschen gewidmet, die während des »Dritten Reichs« »wegen ihrer politischen Überzeugung, ihres religiösen Bekenntnisses oder ihrer rassischen Abstammung diffamiert, misshandelt, ihrer Freiheit beraubt oder ermordet worden sind«, so heißt es in der Grundsteinurkunde des Mahnmals. Vor dem ehemaligen Hinrichtungsschuppen wurde eine Gedenkmauer nach dem Entwurf des Architekten Bruno Grimmek errichtet, daneben steht eine von den Künstlern Karl Wenke und Joachim Ihle gestaltete steinerne Urne, die mit Erde aus deutschen Konzentrationslagern gefüllt ist. Jedes Jahr am 20. Juli gedenken die Bundesregierung und die Stadt Berlin in Plötzensee mit Kranzniederlegungen der Opfer des Nationalsozialismus.

Vom Urteilsspruch bis zur Vollstreckung verlief jedes Verfahren nach immer demselben Muster. In Formularen, Protokollen und Listen wurde das Geschehen genau festgehalten: ein in seiner brutalen Gefühllosigkeit nicht zu übertreffender bürokratischer Verwaltungsvorgang. Die Hinrichtungen fanden meist in den frühen Morgenstunden statt. Am Abend vorher wurde den Verurteilten in Anwesenheit eines Staatsanwalts der Zeitpunkt der Vollstreckung mitgeteilt. Streng bewacht verbrachten die Gefangenen in den engen kalten Zellen des »Todeshauses« ihre letzten Stunden, »kalt, weil man die Heizkörper herausgenommen und in die Innenwand eingebaut hatte. Das sollte den Anreiz zum Selbstmord nehmen. Ein solcher Versuch war schon vorgekommen, ein Gefangener hatte in seiner letzten Nacht vergeblich versucht, sich den Schädel am Heizkörper einzuschlagen [...] Das Licht musste die ganze Nacht über brennen, damit man die ›selbstmordgefährdeten Gefangenen‹ stets beobachten konnte. Bis zum letzten Augenblick war die Justiz ängstlich um die Lebenssicherheit ihrer Opfer bemüht«, so der Gefängnispfarrer Harald Poelchau in seinen 1949 veröffentlichten Erinnerungen. Die Arme auf dem Rücken gefesselt, mit Holzpantinen an den Füßen wurden sie zur Hinrichtungsstätte geführt. Ihre Anwälte hatten sich eine halbe Stunde vorher im dunklen Anzug im Gefängnis einzufinden. Die Verurteilten starben durch das Fallbeil oder den Strick. An der Decke des Raumes war ein Eisenträger mit acht Haken befestigt.

Die Angehörigen bekamen eine knappe amtliche Mitteilung über die Vollstreckung des Urteils – mit dem Zusatz, dass eine Traueranzeige unzulässig sei. Oft blieb dieses Schreiben die einzige Nachricht, die sie erhielten. Viele Abschiedsbriefe an die Familien wurden nicht weitergegeben, sondern zu den Akten gelegt. Die Kosten der Hinrichtung mussten die Hinterbliebenen tragen. Eine Rechnung führte die einzelnen Posten auf: die Todesstrafe, den Rechtsanwalt, die Untersuchungshaft, den Aufenthalt in Plötzensee, die Vollstreckung und zuletzt das Porto für die Rechnung. Viele Angehörige bemühten sich auch nach Kriegsende vergeblich, Näheres über die letzten Stunden der Hingerichteten zu erfahren. Einigen konnte Harald Poelchau, der Nachrichten und letzte Briefe aus dem Gefängnis schmuggelte, wenigstens von einem gemeinsamen letzten Gebet erzählen. Für manche der Hinterbliebenen war dies ein gewisser Trost. Poelchau, der seit Ende 1941 der Widerstandgruppe Kreisauer Kreis angehörte, begleitete in Plötzensee hunderte Verurteilte zur Hinrichtung.

Unter den Opfern waren auch sehr junge Menschen wie die 22-jährige Sprachstudentin Eva-Maria Buch, der 17-jährige Verwaltungslehrling Helmuth Hübener oder die Anfang 20-jährigen Mitglieder der Rütli-Gruppe. Eva-Maria Buch, die der Widerstandsgruppe Schulze-Boysen/Harnack (»Rote Kapelle«) angehörte, hatte Anti-Kriegs-Flugblätter für französische Zwangsarbeiter in Rüstungsbetrieben übersetzt. Helmuth Hübener hörte den britischen Rundfunk ab, schrieb die Nachrichten mit einer Schreibmaschine auf und brachte sie in Umlauf. Die Rütli-Gruppe,

ein Kreis ehemaliger Schüler der Neuköllner Rütli-Schule, verbreitete auf Flugblättern Nachrichten über den Krieg, trat für Frieden und Meinungsfreiheit ein und forderte Rüstungsarbeiter zur Sabotage auf.

In der Nacht vom 3. auf den 4. September 1943 wurden der Gefängnistrakt, in dem über dreihundert Verurteilte auf ihre Hinrichtung warteten, und der Hinrichtungsschuppen einschließlich des Fallbeils bei einen Bombenangriff stark beschädigt. Um einer Flucht der Gefangenen zuvorzukommen, beschloss das Regime, alle zum Tode Verurteilten sofort hinrichten zu lassen. Über 250 Menschen wurden in den »Blutnächten« vom 7. bis zum 12. September 1943 in Plötzensee gehängt, in der ersten Nacht allein 186. Für einige lag noch nicht einmal ein Vollstreckungsbefehl vor. Bei der überstürzten Massenhinrichtung kam es auch zu Verwechslungen, die zu »versehentlichen« Hinrichtungen führten. »Neben dem Hinrichtungsschuppen lag noch tagelang ein Berg von nackten Leichen. Sie konnten nicht fortgeschafft werden, weil die heftigen Fliegerangriffe jeden Transport verhinderten. Auch das gehört zu den grauenhaften Eindrücken, die ich nie vergessen kann: die entstellten, bleichen Körper von Menschen, aufeinander geworfen wie Lumpen«, so schreibt Harald Poelchau.

Besonders qualvoll starben viele der Widerstandskämpfer, die am Umsturzversuch vom 20. Juli 1944 beteiligt waren. Mehr als hundert Beteiligte und Mitwisser wurden zwischen dem 8. August 1944 und dem 9. April 1945 in Plötzensee hingerichtet. Acht Hauptbeteiligte wurden unmittelbar nach dem ersten der berüchtigten Prozesse vor dem Volksgerichtshof zur Hinrichtungsstätte gebracht. Auf Hitlers ausdrücklichen Befehl verfolgten SS-Männer die Verurteilten in den letzten Stunden vor ihrem Tod bis in die Zellen hinein mit Kameras und dokumentierten schließlich sogar ihr grausames Sterben. Im Abstand von fünf Minuten führte man die Gefangenen in den Hinrichtungsschuppen. »Grelles Scheinwerferlicht lag über der Szenerie, ein paar Beobachter standen herum: der Generalstaatsanwalt, Gefängnisbeamte, Fotografen. Die Henker nahmen den Verurteilten die Handschellen ab, legten ihnen eine kurze, dünne Schlinge um den Hals und entkleideten sie bis zur Hüfte. Und auf ein Zeichen hin hoben sie die Delinquenten in die Höhe, ließen sie teils plötzlich, teils behutsam in die Schlingen fallen und zogen ihnen, noch bevor das

Ende kam, die Hosen herunter. Nach jeder Exekution gingen der Scharfrichter und seine Gehilfen zu dem Tisch im vorderen Teil des Raumes und stärkten sich mit Schnaps, bis von draußen die Schritte des nächsten Opfers zu hören waren. Während der gesamten Zeit, vom ersten Aufbäumen bis zu den letzten Zuckungen im Todeskampf, lief die Kamera.« So schildert es Joachim Fest in seinem Buch »Staatsstreich. Der lange Weg zum 20. Juli«.

Bis in die letzten Kriegstage fanden in Plötzensee Hinrichtungen statt. Noch am 18. April 1945 starben dort 28 Menschen. Eine Woche später besetzten sowjetische Truppen das Gefängnis und befreiten die Häftlinge.

Von der Gedenkstätte Plötzensee aus erreicht man in zwanzig Minuten zu Fuß die Kirche Maria Regina Martyrum am Heckerdamm 230–232. Sie entstand von 1960 bis 1963 nach Plänen der Würzburger Architekten Hans Schädel und Friedrich Ebert als »Gedenkkirche der deutschen Katholiken zu Ehren der Blutzeugen für Glaubens- und Gewissensfreiheit aus den Jahren 1933–1945«. Der nüchterne zweigeschossige Stahlbetonbau steht auf einem Hof, der an den Appellplatz eines Konzentrationslagers erinnert. Draußen wie im Innern der Kirche befinden sich zahlreiche Kunstwerke. Den Andachtssaal der Oberkirche beherrscht ein großes abstraktes Altarwandbild von Georg Meistermann. Im Gedenkraum der »Märtyrer für Glaubens- und Gewissensfreiheit« befinden sich eine Pietà von Fritz König und vier Bodenplatten mit Inschriften zum Gedenken an Opfer der nationalsozialistischen Terrorherrschaft. Eine kennzeichnet das Grab des katholischen Politikers Erich Klausener, der am 30. Juni 1934 von einem SS-Mann erschossen wurde. Zwei weitere erinnern an Dompropst Bernhard Lichtenberg, der 1943 auf dem Weg in das Konzentrationslager Dachau starb, und an den 1945 in Plötzensee hingerichteten Jesuitenpater Alfred Delp. Die vierte gedenkt allen »Blutzeugen, denen das Grab verweigert wurde – allen Blutzeugen, deren Gräber unbekannt sind«. Neben der Kirche entstand 1983/84 nach Entwürfen des Architekten Theo Wieland ein Kloster für den Orden der Karmelitinnen, der auch in Dachau und Auschwitz ansässig ist. Das Kloster in Berlin wurde vom Karmel Heilig Blut in Dachau gegründet, um einen Zusammenhang zwischen dem Konzentrationslager Dachau und der Hinrichtungsstätte Plötzensee herzustellen.

In unmittelbarer Nachbarschaft der Kirche befindet sich das 1970 eingeweihte Evangelische Gemeindezentrum Plötzensee. Auf Anregung Pfarrer Bringfried Naumanns wurde dort der Bilderzyklus »Plötzenseer Totentanz« des österreichischen Künstlers Alfred Hrdlicka aufgehängt. Bei den sechzehn großformatigen Graphitzeichnungen handelt es sich um Hinrichtungsszenen mit biblischen und gegenwartsbezogenen Themen. In jedem Bild finden sich der Eisenträger, die Haken und die Doppelfenster der Hinrichtungsstätte in Plötzensee wieder.

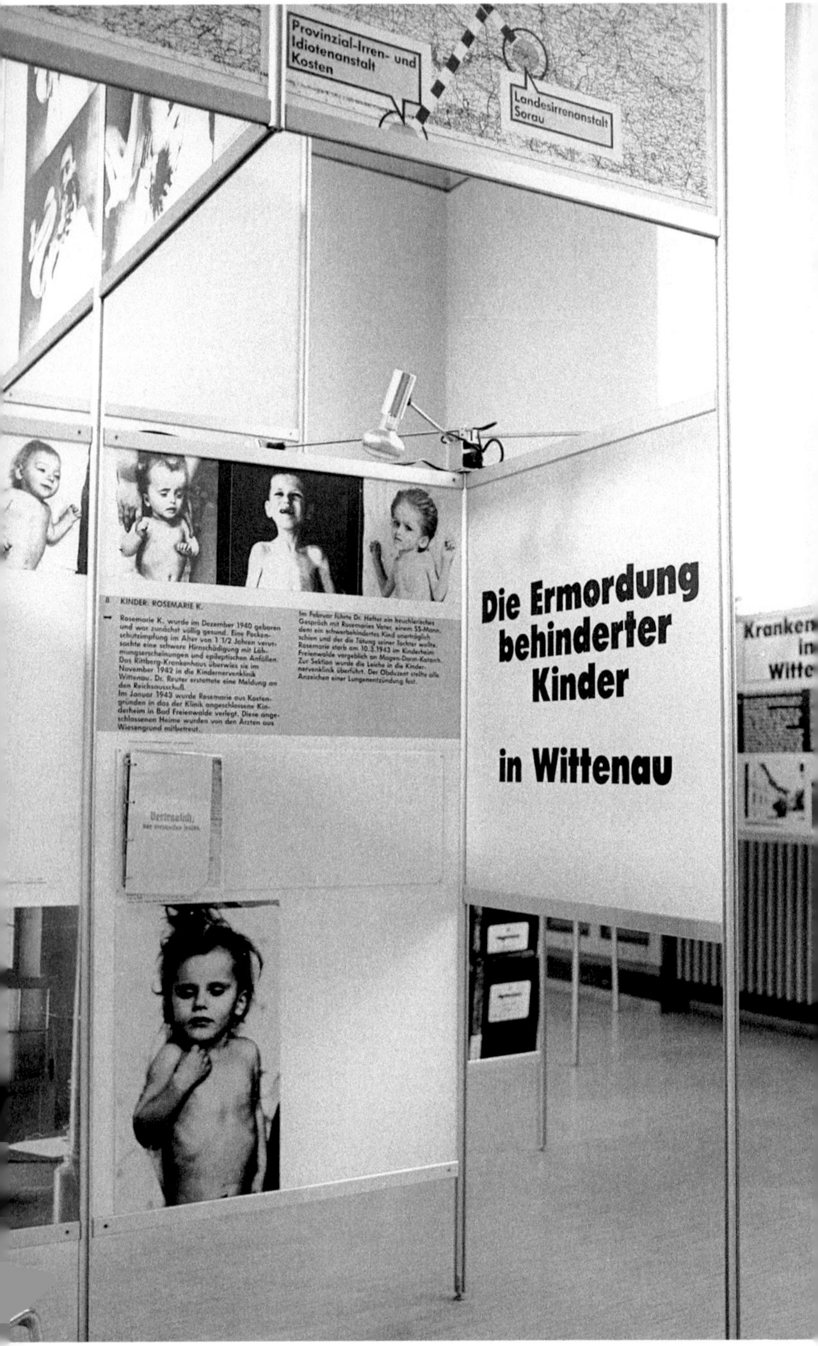

Provinzial-Irren- und Idiotenanstalt Kosten
Landesirrenanstalt Sorau
8 KINDER: ROSEMARIE K.
Rosemarie K. wurde im Dezember 1940 geboren und war zunächst völlig gesund. Eine Pockenschutzimpfung im Alter von 1 1/2 Jahren verursachte eine schwere Hirnschädigung mit Lähmungserscheinungen und epileptischen Anfällen. Das Rittberg-Krankenhaus überwies sie im November 1942 in die Kindernervenklinik Wittenau. Dr. Reuter erstattete eine Meldung an den Reichsausschuß.
Im Januar 1943 wurde Rosemarie aus Kostengründen in das der Klinik angeschlossene Kinderheim in Bad Freienwalde verlegt. Diese angeschlossenen Heime wurden von den Ärzten aus Wiesengrund mitbetreut.
Im Februar führte Dr. Hefter ein heuchlerisches Gespräch mit Rosemaries Vater, einem SS-Mann, dem ein schwerbehindertes Kind unerträglich schien und der die Tötung seiner Tochter wollte. Rosemarie starb am 10.3.1943 im Kinderheim Freienwalde vergeblich an Magen-Darm-Katarrh. Zur Sektion wurde die Leiche in die Kindernervenklinik überführt. Der Obduzent stellte alle Anzeichen einer Lungenentzündung fest.
Die Ermordung behinderter Kinder in Wittenau

Wittenauer Heilstätten

»Totgeschwiegen 1933–1945« heißt eine Dauerausstellung in der Karl-Bonhoeffer-Nervenklinik in Reinickendorf. Sie geht auf die dreijährige Forschungsarbeit von einigen Ärzten und Psychologen der Klinik zurück, die sich 1984 zusammentaten, um der Geschichte des Hauses in der NS-Zeit nachzugehen. Sie deckten auf, dass weit über tausend Patienten der Wittenauer Heilstätten, wie die Klinik von 1925 bis 1957 hieß, während des »Dritten Reiches« zwangssterilisiert worden waren. Zwischen 1939 und 1945 wurden außerdem etwa 4000 Patienten in so genannte Zwischen- oder Tötungsanstalten deportiert und die meisten dort umgebracht. Schließlich fielen auch zahllose der in den Wittenauer Heilstätten verbliebenen Menschen der »Euthanasie« zum Opfer. Seit 1994 erinnert eine Gedenktafel am Haupteingang der Karl-Bonhoeffer-Klinik an die ermordeten Patienten.

Karl-Bonhoeffer-Nervenklinik
Oranienburger Straße 285
13437 Berlin

Die Ausstellung befindet sich im Haus 14/1. Stock und ist während der allgemeinen Öffnungszeiten zugänglich. Ansprechpartnerin: Diplom-Psychologin Christina Härtel, Mitautorin der Ausstellung und des Buches »Totgeschwiegen 1933–1945. Zur Geschichte der Wittenauer Heilstätten«
Tel. 495 90 74
oder 41 94 – 0

Verkehrsverbindung
S 25, U8, Bus X21, 121, 225, 321 bis Karl-Bonhoeffer-Nervenklinik

Die Wittenauer Heilstätten, 1880 als erste psychiatrische Einrichtung Berlins eröffnet, waren in der Weimarer Republik für ihre liberalen Behandlungsmethoden bekannt. Dazu zählte zum Beispiel die ärztliche Betreuung von Patienten auch außerhalb der Klinik. Die Versorgung Kranker in ihren Familien oder in Pflegefamilien war in Wittenau – das damals noch Dalldorf hieß – bereits vor der Jahrhundertwende eingeführt worden und galt anderen Einrichtungen als Vorbild. Auch in der psychiatrischen Forschung und in der Fortbildung von Fachärzten spielte die Klinik in den Jahren von 1918 bis 1933 eine wichtige Rolle. Da allerdings ein nicht geringer Teil der Psychiater der nationalsozialistischen Rassenideologie nicht fern stand oder sich sogar mit ihr identifizierte, mischten sich in den Wittenauer Heilstätten in verhängnisvoller Weise Reformansätze mit den menschenverachtenden Theorien und Plänen der Nationalsozialisten. 1937 wurde in ganz Deutschland ein bereits 1929 in den Wittenauer Heilstätten entwickeltes Schema zur »erbbiologischen Erfassung« eingeführt.

Seit 1957 ist die Klinik nach dem Neurologen Karl Bonhoeffer benannt, dem Vater von Dietrich und Klaus Bonhoeffer, die im April 1945 als Widerstandskämpfer ermordet wurden. Karl Bonhoeffer leitete von 1912 bis zu seiner Emeritierung 1938 die Berliner Charité. Im April 1946 übernahm er an den Wittenauer Heilstätten eine beratende Tätigkeit, die er bis zu seinem Tod im Dezember 1948 ausübte. Zum hundertjährigen Bestehen der Klinik erschien 1980 eine Festschrift, die mit keinem Wort auf ihre Geschichte während des Nationalsozialismus einging. Nachforschungen ergaben schließlich, dass die Krankengeschichten aus der NS-Zeit nicht – wie von der Klinikleitung in den Nachkriegsjahrzehnten immer wieder behauptet – bei Kriegsende durch Angehörige der Roten Armee vernichtet worden waren, sondern sich großenteils noch im Archiv des Hauses befanden. Auf der Grundlage der wieder entdeckten Akten und von Recherchen in weiteren Archiven inner- und außerhalb Berlins konnte die Arbeitsgruppe zur Erforschung der Klinikgeschichte das Schicksal vieler Patienten rekonstruieren und mahnend in Erinnerung rufen.

Im Sommer 1933 hatte die nationalsozialistische Regierung das »Gesetz zur Verhütung erbkranken Nachwuchses« beschlossen, das die Zwangssterilisation »Erbkranker« gesetzlich legitimierte. Am 1. Januar 1934 trat es in Kraft. Nach diesem Gesetz wurden bis zum Zusammenbruch des NS-Regimes vermutlich über 400 000 Menschen in ganz Deutschland zwangssterilisiert. Vor allem geistig und körperlich Behinderte fielen der Zwangssterilisation zum Opfer. Die meisten Ärzte der Wittenauer Heilstätten standen dem »Erbgesundheitsgesetz« positiv gegenüber. Ende 1935 waren in der Einrichtung 2635 Patienten untergebracht. Mehr als die Hälfte von ihnen war nach Ansicht des Klinikleiters Gustav Adolf Waetzoldt im Sinne des Gesetzes »erbkrank«. Die Klinik meldete sogar solche Patienten, auf die die Gesetzesbestimmungen nicht eindeutig zutrafen. Ein Teil der leitenden Ärzte der Wittenauer Heilstätten war mit der gerichtlichen und politischen Administration eng verbunden: Die Psychiater Friedrich Panse und Kurt Pohlisch beispielsweise waren als Gutachter beim Erbgesundheitsgericht tätig, das über die Zwangssterilisationen entschied. Später wurden sie als Gutachter in die »Euthanasie«-Zentrale in Tiergarten berufen.

Im Oktober 1939 richteten die Nationalsozialisten für die systematische Tötung von körperlich und geistig behinderten Menschen in der Reichskanzlei eine eigene Dienststelle ein, die im April 1940 in eine Villa in der Tiergartenstraße 4 umzog. Hitler selbst hatte in einer geheimen schriftlichen Ermächtigung die Grundlage für die »Vernichtung lebensunwerten Lebens« geschaffen. Bis 1945 organisierte die »Zentraldienststelle T4« den Mord an etwa 200 000 Menschen. Die zur Ermordung bestimmten Patienten wurden von den Pflege- und Heilanstalten in Tötungsanstalten deportiert, wo ein großer Teil von ihnen in Gaskammern starb. Seit dem Frühjahr 1941 brachte man die Opfer zunächst in so genannte Zwischenanstalten, um die Spuren der Transporte zu verwischen und den Massenmord zu verschleiern.

Von den etwa 4000 deportierten Patienten der Wittenauer Heilstätten kam mindestens die Hälfte in die Anstalt Obrawalde fünfzig Kilometer östlich von Frankfurt/Oder. Nachdem die ehemalige psychiatrische Anstalt 1942 in eine Tötungsanstalt ungewandelt worden war, trafen immer öfter und immer größere Patiententransporte aus den Wittenauer Heilstätten in Obrawalde ein. Kaum einer der Deportierten überlebte. Meist wurden die Menschen innerhalb weniger Tage nach ihrer Ankunft durch die Verabreichung überdosierter Schmerz- und Beruhigungsmittel getötet. Manche ließ man einfach verhungern. Die Toten wurden in der Nähe der Anstalt in Massengräbern begraben, die man als Einzelgräber tarnte. Diejenigen, die noch bei Kräften waren, wurden zur Schwerarbeit in der Landwirtschaft, in Werkstätten oder Industriebetrieben gezwungen.

Einer der größten Transporte aus Wittenau, eine Gruppe von 250 bettlägerigen Frauen, traf am 8. Dezember 1943 in Obrawalde ein. Sie waren alle in einem Haus untergebracht gewesen, das nach einem Luftangriff der Alliierten in der Nacht vom 26. auf den 27. November 1943 vollständig ausgebrannt war. Nachdem man die Patientinnen zunächst in den Kellerräumen des zerstörten Gebäudes zusammengepfercht hatte, wurden sie knapp zwei Wochen später nach Obrawalde deportiert und dort getötet.

Auch von den in Wittenau verbliebenen Patienten fielen viele der »Euthanasie« zum Opfer. Seit 1939 nahm die Sterberate in der Anstalt von Jahr zu Jahr drastisch zu. Die Krankengeschichten der nach 1939 ums Leben gekommenen Patienten zeichnen sich durch spärliche Dokumentation und stereotype Eintragungen aus. In vielen Akten fehlen Angaben zur medikamentösen Behandlung. Als Todesursache wurde in den meisten Fällen »Lungenentzündung« oder »Herzschwäche« vermerkt, in anderen Unterlagen fehlt sie ganz.

In unmittelbarer Nähe der Karl-Bonhoeffer-Klinik, am Eichborndamm 238, erinnert seit 1993 eine Gedenktafel an 175 Kinder, die zwischen 1942 und 1945 als »Reichsausschusskinder« in die hier eingerichtete Abteilung eingewiesen worden waren. Die »Kinderfachabteilung« Wiesengrund war Teil der »Städtischen Nervenklinik für Kinder und Jugendliche«, die 1942 als selbstständige Institution aus den Wittenauer Heilstätten herausgelöst wurde. Bereits im Frühjahr 1939 war der »Reichsausschuss zur wissenschaftlichen Erfassung erb- und anlagebedingter schwerer Leiden« geschaffen worden, der sich mit der Planung der Kinder-»Euthanasie« befasste. Ein geheimer Runderlass verpflichtete Ärzte und Hebammen im August 1939 zur Meldung behinderter Kinder. Bis zum Ende des Zweiten Weltkriegs wurden mindestens 5 000 Kinder meist durch eine Überdosis an Beruhigungsmitteln ermordet, nachdem ein Teil von ihnen zuvor zu medizinischen Experimenten missbraucht worden war. 81 von insgesamt 66 Mädchen und 109 Jungen, die der »Reichsausschuss« in die »Kinderfachabteilung« Wiesengrund eingewiesen hatte, starben hier, vierzehn in einem der angeschlossenen Heime.

Erinnerungs- und Begegnungsstätte Bonhoeffer-Haus

Der evangelische Theologe Dietrich Bonhoeffer trat seit Beginn der NS-Herrschaft als entschiedener Gegner des Terrorregimes auf. Den Widerstand gegen staatliches Unrecht erklärte er zur Pflicht der Christen. In enger Verbindung zu den Verschwörern um seinen Schwager Hans von Dohnanyi beteiligte er sich seit Anfang der 1940er-Jahre aktiv an Umsturzplänen. Auch sein Bruder Klaus und sein Schwager Rüdiger Schleicher waren im Widerstand aktiv. Sie alle wurden im April 1945 hingerichtet. Im Haus der Eltern Bonhoeffer in der Marienburger Allee 43 in Charlottenburg, in dem auch Dietrich Bonhoeffer zeitweilig lebte, hatte sich der Kreis häufig zu geheimen Gesprächen getroffen.
1987 wurde hier die Erinnerungs- und Begegnungsstätte Bonhoeffer-Haus in der Trägerschaft der Evangelischen Kirche eröffnet. An der Zionskirche in Mitte erinnert seit 1997 eine Skulptur von Karl Biedermann an Dietrich Bonhoeffer.

Erinnerungs- und
Begegnungsstätte
Bonhoeffer-Haus
Marienburger Allee 43
14055 Berlin
Tel. 301 91 61
www.bonhoeffer-berlin.de.

Besuche nach telefonischer Vereinbarung.

Verkehrsverbindung
Bonhoeffer-Haus: S9, S75, Bus 149, X34, X49 bis S Heerstraße (zehn Minuten Fußweg)
Torso von Karl Biedermann, Zionskirchplatz: Tram 13, 50 und 53 bis Zionskirchplatz;
U2 oder Bus 143 bis Senefelderplatz

Am 5. April 1943 wurde Dietrich Bonhoeffer im Haus seiner Eltern von der Gestapo verhaftet. Immer wenn er für längere Zeit nach Berlin gekommen war, hatte er hier gewohnt und gearbeitet. In seinem Arbeitszimmer unter dem Dach hatte er Teile seiner »Ethik« verfasst sowie eine Analyse des Widerstandes unter dem Titel »Nach zehn Jahren«. Die Aufzeichnungen blieben in einem Versteck auf dem Dachboden von den Nationalsozialisten unentdeckt. Sein Elternhaus sollte Bonhoeffer nicht mehr wiedersehen. Im Wehrmachtsgefängnis in Tegel schrieb er bewegende Briefe an seine Familie, seine Verlobte Maria von Wedemeyer und seinen langjährigen Freund und Biografen Eberhard Bethge, der einen Teil davon später unter dem Titel »Widerstand und Ergebung« veröffentlichte. Ein Aufseher schmuggelte sie aus dem Gefängnis. Im Oktober 1944 wurde Bonhoeffer in das Gestapo-Gefängnis in der Prinz-Albrecht-Straße gebracht. Hier schrieb er seiner Familie einen vorletzten Brief, dem er sein berühmtes Gedicht »Von guten Mächten« beilegte. Am 7. Februar 1945 kam Bonhoeffer in das Konzentrationslager Buchenwald, am 8. April 1945 wurde er in das Konzentrationslager Flossenbürg überführt, dort zusammen mit anderen Widerstandskämpfern von einem SS-Standgericht wegen Hoch- und Landesverrats zum Tode verurteilt und am nächsten Morgen erhängt. Erst 1996 hob das Berliner Landgericht auf Betreiben zweier privater Initiativen hin das Unrechtsurteil auf, das der Bundesgerichtshof 1956 noch bestätigt hatte.

Dietrich Bonhoeffer und seine Zwillingsschwester Sabine wurden am 4. Februar 1906 in Breslau geboren. 1912 zog die inzwischen zehnköpfige Familie nach Berlin, wo der Vater Karl Bonhoeffer den damals führenden Lehrstuhl für Psychiatrie und Neurologie an der Friedrich-Wilhelms-Universität und zugleich die Leitung der Charité übernahm. Von 1923 bis 1928 studierte Dietrich Bonhoeffer Theologie in Tübingen und Berlin. Nach der Promotion ging er als Vikar in die deutsche Gemeinde in Barcelona. 1930 habilitierte er sich und legte sein zweites theologisches Examen ab. Es folgte ein einjähriger Studienaufenthalt in New York, dann war er Studentenpfarrer an der Technischen Hochschule Berlin und lehrte als Privatdozent an der Friedrich-Wilhelms-Universität, der heutigen Humboldt-Universität. Im Oktober 1933 übernahm er das Auslandspfarramt für zwei deutsche Gemeinden in London. Die politische Entwicklung in Deutschland beobachtete er von hier aus voller Sorge und mit tiefem Misstrauen.

Bereits kurz nach Hitlers Machtübernahme begann Bonhoeffer, die nationalsozialistische Regierung öffentlich scharf zu kritisieren und zu bekämpfen. »Wenn die Kirche den Staat ein Zuviel oder ein Zuwenig an Ordnung und Recht ausüben sieht, kommt sie in die Lage, nicht nur die Opfer unter dem Rad zu verbinden, sondern dem Rad in die Speichen zu fallen«, sagte er im April 1933 in einem Vortrag über »Die Kirche vor der Judenfrage« vor Berliner Theologen. Ein Teil der Zuhörer verließ daraufhin unter Protest den Raum. Als die Generalsynode am 6. September 1933 den »Arierparagraphen« in der Kirche einführte und damit Pfarrern jüdischer Herkunft Kanzelverbot auferlegte, unterstützte Bonhoeffer den Protest des von Martin Niemöller gegründeten Pfarrernotbundes und die aus ihm hervorgegangene Bekennende Kirche. Er stand dem nationalsozialistischen Staat wesentlich radikaler gegenüber als die meisten Mitglieder der evangelischen Widerstandbewegung. Auf internationalen ökumenischen Konferenzen setzte sich Bonhoeffer für die Anerkennung der Bekennenden

Kirche ein und plädierte für den Abbruch der Beziehungen zu der von den Nationalsozialisten gelenkten Deutschen Reichskirche. Seine Bemühungen blieben jedoch erfolglos.

1935 ging Bonhoeffer nach Deutschland zurück und übernahm die Leitung des Predigerseminars der Bekennenden Kirche in Finkenwalde bei Stettin, bis die Gestapo das Seminar 1937 schloss. Bonhoeffer führte seine Ausbildungsarbeit in Ostpommern bis 1940 im Untergrund fort. Nachdem man ihm bereits 1936 die Lehrerlaubnis an der Universität entzogen hatte, traf ihn nun auch Rede- und ein Jahr später Publikationsverbot. Durch Verhaftungen und Verbote wurde die Bekennende Kirche zunehmend geschwächt und in ihrem Handlungsspielraum eingeengt. Vor diesem Hintergrund brach Bonhoeffer im Juli 1939 einen zweiten Aufenthalt als Gastdozent in New York vorzeitig ab. Das Angebot, als Hochschullehrer dauerhaft in den USA zu bleiben, lehnte er ab: »Ich muss die schwierige Periode unserer nationalen Geschichte mit den Christen Deutschlands durchleben [...] Die Christen in Deutschland stehen vor der fürchterlichen Alternative, entweder in die Niederlage ihrer Nation einzuwilligen, damit die christliche Zivilisation weiterleben könne, oder in den Sieg und dabei unsere Zivilisation zu zerstören. Ich weiß, welche Alternative ich zu wählen habe; aber ich kann diese Wahl nicht treffen, während ich in Sicherheit bin.«

Nach seiner Rückkehr begann Bonhoeffer, sich auch am politischen Widerstand gegen den Nationalsozialismus aktiv zu beteiligen. Sein Schwager Hans von Dohnanyi, der seit 1934 als Leiter des Ministerbüros im Reichsjustizministerium systematisch Informationen über Rechtsbrüche und Verbrechen des NS-Regimes gesammelt und Opfer des Systems unterstützt hatte, war seit 1938 in die Umsturzvorbereitungen oppositioneller Militärs einbezogen. Seit August 1939 setzte er seine Widerstandstätigkeit im Amt Ausland/Abwehr des Oberkommandos der Wehrmacht im Stab des Abwehrchefs Admiral Wilhelm Canaris fort. Bonhoeffer wurde als ziviler »Verbindungsmann« eingesetzt und unternahm Reisen in die Schweiz, nach Schweden, Norwegen und Italien, um über Umsturzpläne aufzuklären und Informationen einzuholen. Dohnanyi und seine Frau wurden zur gleichen Zeit festgenommen wie Bonhoeffer, alle drei wurden in verschiedene Haftanstalten gebracht; Christine von Dohnanyi kam nach vier Wochen frei. Hans von Dohnanyi wurde vermutlich am selben Tag wie Bonhoeffer, am 9. April 1945, im Konzentrationslager Sachsenhausen umgebracht. Bonhoeffers Bruder Klaus und sein Schwager Rüdiger Schleicher, die beide in enger Verbindung zu den Verschwörern des 20. Juli 1944 standen, wurden zwei Wochen später von einem Rollkommando der SS aus ihrem Gefängnis in der Lehrter Straße geholt und auf einem Ruinengrundstück erschossen.

Bonhoeffers Arbeitszimmer im Haus in der Marienburger Allee ist heute so wie damals eingerichtet. Sein Schreibtisch steht unter dem Fenster, aus dem man auf das Nachbarhaus blickt, in dem seine Schwester Ursula und ihr Mann Rüdiger Schleicher lebten. Die Regale an den Wänden hat Bonhoeffer selbst gebaut. Die Originalexemplare seiner Bücher sowie sein Nachlass befinden sich in der Berliner Staatsbibliothek. Im Seminar- und Tagungsraum des Hauses informiert eine ständige Ausstellung über Bonhoeffers Leben und Werk. Im ehemaligen Esszimmer der Familie ist heute eine Präsenzbibliothek und eine Mediathek untergebracht.

Zum Gedenken an Dietrich Bonhoeffer wurde 1997 an der Zionskirche in Mitte ein bronzener Torso des Berliner Bildhauers Karl Biedermann aufgestellt. Bonhoeffer hatte 1931/32 in dieser Gemeinde eine Konfirmandengruppe geleitet. Die Skulptur entstand bereits 1987, die DDR-Regierung verweigerte jedoch ihre Zustimmung zur Aufstellung. Mit Misstrauen hatte sie beobachtet, dass Bonhoeffer in dem sich bildenden Widerstandskreis dieser Gemeinde zur Leitfigur geworden war. Während die Zionskirche nach der Wiedervereinigung mehrere Jahre lang renoviert wurde, stand die Skulptur in der Versöhnungskapelle des ehemaligen Konzentrationslagers Dachau, bevor sie an ihren eigentlichen Bestimmungsort wechselte. Ihr Anblick lässt an Worte Bonhoeffers denken, die er im Gefängnis in Tegel schrieb: »Unsere geistige Existenz aber bleibt ein Torso. Es kommt wohl nur darauf an, ob man dem Fragment unsres Lebens noch ansieht, wie das Ganze eigentlich angelegt und gedacht war und aus welchem Material es besteht.« Die Skulptur steht sowohl für Bonhoeffers unvollendetes Werk als auch für den Menschen und Christen im Widerstand, dessen Leben das nationalsozialistische Regime ein Ende setzte.

Bahnhof Grunewald, Gleis 17

Zum Bahnhof Grunewald, heute ein S-Bahnhof, gehört auch ein Güterbahnhof. Von hier aus wurden von Oktober 1941 bis März 1945 zehntausende Berliner Juden in die Gettos, Konzentrations- und Vernichtungslager im besetzten Osteuropa deportiert. Einen der Bahnsteige, das Gleis 17, haben die Architekten Nikolaus Hirsch, Wolfgang Lorch und Andrea Wandel 1998 im Auftrag der Deutschen Bahn als Mahnmal gestaltet. Stahlgussplatten entlang der Bahnsteigkanten dokumentieren jeden einzelnen der in Berlin eingesetzten Deportationszüge. An der Auffahrt zu der ehemaligen Laderampe erinnert außerdem ein Kunstwerk von Karol Broniatowski an die Opfer.

Verkehrsverbindung
S7 bis Grunewald;
Bus 119, 186 oder 219
bis S Grunewald

19.6.1942 / 50 JUDEN / BERLIN - THERESIENSTADT

Am Gleis 17 auf dem Gelände des Güterbahnhofs Grunewald ist es still. Nur die Geräusche der entfernt haltenden S-Bahnen dringen gelegentlich herüber, hin und wieder rauscht ein Fernzug auf einem Nachbargleis vorbei. Am Gleis 17 fahren keine Züge mehr, zwischen den Schienen wachsen Ahornbäume und Birken. Dieses Gleis ist ein Mahnmal. Es erinnert an die über 50 000 Berliner Juden, die am Bahnhof Grunewald, Bahnhof Putlitzstraße und Anhalter Bahnhof gezwungen wurden, in »Sonderzüge für Umsiedler« zu steigen, in überfüllte, vergitterte Waggons, die sie in die Gettos, Konzentrations- und Vernichtungslager in Osteuropa transportierten. Nur etwa 1900 von ihnen haben überlebt.

Auf den Bahnsteigen an dem Gleis sind dicht nebeneinander Stahlgussplatten eingelassen, für jeden der insgesamt 183 Züge eine. Sie nennen das Abfahrtsdatum, die Anzahl der Deportierten und den Bestimmungsort: Am 18. Oktober 1941 verließ der erste Deportationszug mit 1251 Juden den Bahnhof, Ziel war das Getto Lodz, eine Durchgangsstation auf dem Weg in den Tod. Der letzte Zug am 27. März 1945 brachte achtzehn Juden in das Konzentrationslager Theresienstadt. Das Reichsverkehrsministerium und die ihm unterstellte Deutsche Reichsbahn arbeiteten die Fahrpläne aus. Viele »Transporte« umfassten mehr als tausend Menschen. Für jedes Opfer stellte die Reichsbahn der jüdischen Gemeinde eine Fahrkarte dritter Klasse in Rechnung.

Am Fuße der kopfsteingepflasterten Auffahrt zur Laderampe an der Seite des Bahnhofs säumt eine achtzehn Meter lange und drei Meter hohe Betonmauer den Weg, den die Opfer zum Bahnsteig nehmen mussten. In die raue Mauer sind Negativformen eingearbeitet, Andeutungen menschlicher Gestalten. Dieses Mahnmal des polnischen Künstlers Karol Broniatowski wurde 1991 enthüllt.

Der im ländlichen Fachwerkstil erbaute Bahnhof Grunewald befindet sich an einem kleinen Platz am Rande eines großbürgerlichen Wohnviertels. Die Grunewalder Villenkolonie entstand in den 1890er-Jahren. Vor allem das wohlhabende Bürgertum zog es aus der immer dichter besiedelten Innenstadt in den »Neuen Westen« hinaus. Politiker, Unternehmer, Verleger, Schriftsteller, Wissenschaftler ließen sich hier von renommierten Architekten repräsentative Palais bauen, barocke Schlösschen, großzügige Häuser im englischen Landhausstil inmitten parkähnlicher Gär-

ten. Hier lebten die Bankiers Carl Fürstenberg und Franz von Mendelssohn, der Physiker Max Planck, der Nationalökonom Werner Sombart, die Schriftsteller und Publizisten Lion Feuchtwanger, Maximilian Harden, Alfred Kerr, Ernst Wiechert und Vicki Baum, die Verleger Hans Ullstein, Samuel Fischer und seine Tochter Brigitte mit ihrem Mann Gottfried Bermann Fischer, der Komponist Engelbert Humperdinck, der Schauspieler und Regisseur Max Reinhardt und viele weitere Prominente.

Jahrelang galt die Gegend als Inbegriff einer geglückten deutsch-jüdischen Symbiose. Doch das Zusammenleben wurde bereits zu Beginn der Weimarer Republik durch ein Ereignis erschüttert, das als Fanal bezeichnet werden kann: Im Juni 1922 fiel der jüdische Außenminister Walther Rathenau in der Königsallee unweit seines Hauses einem Mordanschlag zum Opfer. Ein Jahrzehnt später wurde die Weimarer Demokratie zerschlagen, und es begann die stufenweise Entrechtung der Juden.

Schon kurz nach Hitlers Ernennung zum Reichskanzler am 30. Januar 1933, mit der die staatliche Diskriminierung der Juden unmittelbar einsetzte, zogen einzelne jüdische Bewohner ihre Konsequenzen: Alfred Kerr emigrierte mit seiner Familie bereits im

Februar 1933. Seine Tochter Judith beschrieb die Flucht in ihrem autobiografischen Jugendroman »Als Hitler das rosa Kaninchen stahl«. Lion und Marta Feuchtwanger, die sich zur Zeit der nationalsozialistischen Machtergreifung auf einer Lesereise in den USA befanden, kehrten nicht mehr nach Deutschland zurück. Sie ließen sich in Frankreich nieder. Gottfried Bermann Fischer emigrierte 1936 nach Wien; sein Schwiegervater Samuel Fischer war 1934 gestorben. Franz von Mendelssohn starb im Jahr darauf, das Bankhaus der Familie wurde 1938 »arisiert«. In der Douglasstraße 10, in der Regerstraße 8 (damals Mahlerstraße) und in der Erdener Straße 8 erinnern Gedenktafeln an die ehemaligen Bewohner.

Mit der Auswanderung verloren die Juden das Eigentum an ihren Häusern und Grundstücken. Der Schriftsteller Nikolaus Sombart, Sohn von Werner Sombart, erinnert sich: »Grunewald war in der Hitlerzeit eine apolitische Enklave, in der es jedes Jahr stiller wurde; in den Vorgärten der großen Villen vermehrten sich die Schilder der Immobilienmakler, auf denen zu lesen stand: ›Zu verkaufen‹.« Diese Veränderungen in der Nachbarschaft wurden zwar registriert, führten aber nicht zu Konsequenzen gegenüber dem nationalsozialistischen Terror, wie Sombart innerhalb der eigenen Familie beobachtete: »Gleichzeitig verschwanden die jüdischen Gäste in meinem Elternhaus. Dieser ging nach Amerika, jener nach London. Das wurde nicht weiter kommentiert. Das heißt, es wurde genauso kommentiert wie alles andere Unheil, das die Nazis heraufbeschworen, die Kriegsrüstung, die Militarisierung, die Reiseeinschränkungen, die Isolierung Deutschlands in der Gemeinschaft der Völker, die Zensur literarischer und wissenschaftlicher Bücher, von der auch mein Vater betroffen war.«

Jahrelang nahmen die nichtjüdischen Bewohner der Grunewalder Villenkolonie die Vertreibung ihrer jüdischen Nachbarn und die »Arisierung« jüdischen Eigentums hin. Hatten sie sich an das Zusehen und Schweigen bereits gewöhnt, als im Herbst 1941 die ersten Deportationen ihren Weg durch die Straßen nahmen? Wie war es möglich, dass SS und Sicherheitspolizei ungehindert tausende Menschen auf offenen Lastwagen oder zu Fuß durch das Viertel hindurch zum Bahnhof leiten und abtransportieren konnten? Diese und ähnliche Fragen sind es, die einen bewegen, wenn man durch die umliegenden Straßen geht – oder vom Gleis 17 aus der Blick durch die Bäume hindurch auf die nahen Villen fällt.

Haus der Wannsee-Konferenz

Am 20. Januar 1942 trafen fünfzehn führende Vertreter der Ministerialbürokratie, der SS und der NSDAP in einer Villa am Großen Wannsee zusammen. Reinhard Heydrich, Chef des Reichssicherheitshauptamts mit Sicherheitspolizei und SD, hatte zu einer Besprechung eingeladen, die unter dem Namen »Wannsee-Konferenz« in die Geschichte einging. Das Thema der Zusammenkunft war die »praktische Durchführung der Endlösung der Judenfrage«. Die nationalsozialistischen Machthaber planten die Ermordung von mindestens elf Millionen europäischer Juden. Alle wichtigen Ministerien und Parteiämter sollten die Verantwortung für den Völkermord mittragen. 1992 wurde die Gedenk- und Bildungsstätte Haus der Wannsee-Konferenz eröffnet.

Haus der
Wannsee-Konferenz
Gedenk- und Bildungsstätte
Am Großen Wannsee
56–58
14109 Berlin
Tel. 80 50 01-0
www.ghwk.de

Öffnungszeiten
täglich 10 bis 18 Uhr.
Karfreitag, Ostern, Himmelfahrt, am 1. Mai, 3. Oktober, 24. bis 26. Dezember, 31. Dezember und 1. Januar ist die Ausstellung geschlossen.

Die Bildungsabteilung des Hauses bietet Jugendlichen und Erwachsenen Führungen, Kleingruppenarbeit sowie Studientage oder mehrtägige Seminare zur schulischen und außerschulischen politischen Bildung an.

Das ehemalige Speise- und Konferenzzimmer der herrschaftlichen Villa am Großen Wannsee 56–58 im Südwesten von Berlin bietet einen besonders schönen Blick über den See. Am gegenüberliegenden Ufer befindet sich das Strandbad Wannsee. Das großzügige Haus mit einem parkähnlichen Garten entstand 1914/15 nach Entwürfen des Architekten Paul O. A. Baumgarten. Auftraggeber war der Fabrikant Ernst Marlier. Baumgarten, ein Schüler Alfred Messels, des Architekten der ersten großen Warenhäuser in der Rosenthaler Straße und am Leipziger Platz sowie des Pergamonmuseums in der Berliner Innenstadt, hatte in derselben Straße bereits andere Häuser gebaut, wie für den Maler Max Liebermann und den Sammler und Mäzen Eduard Arnhold. Marlier wohnte nur wenige Jahre in seinem Haus. 1921 verkaufte er es an den Generaldirektor des Stinnes-Konzerns, Friedrich Minoux.

Ab 1933 entwickelte sich die Villenkolonie Wannsee zu einem beliebten Wohnort der Nazi-Prominenz. Die jüdischen Bewohner wurden enteignet, vertrieben, deportiert. Auch zahlreiche nationalsozialistische Institutionen ließen sich in der Gegend nieder. 1940 verkaufte Friedrich Minoux die Villa an die von Reinhard Heydrich gegründete SS-Stiftung Nordhav. Sie baute das Haus zu einem Gästehaus um und stellte es der Sicherheitspolizei und dem SD zur Verfügung. Zwischen dem 29. November und 1. Dezember 1941 ließ Heydrich die Einladungen zur Besprechung der »Endlösung der Judenfrage« verschicken.

Die Besprechung der fünfzehn Vertreter der SS, der NSDAP und verschiedener Reichsministerien am Morgen des 20. Januar 1942 dauerte weniger als zwei Stunden. Heydrich ließ Adolf Eichmann, den Leiter des »Judenreferats« im Reichssicherheitshauptamt, die Ergebnisse der Konferenz in einem Protokoll zusammenfassen. Demzufolge eröffnete Heydrich die Konferenz mit dem Hinweis auf seine »Bestellung zum Beauftragten für die Vorbereitung der Endlösung der europäischen Judenfrage« durch Reichsmarschall Hermann Göring. Zweck der Besprechung sei es, »Klarheit in grundsätzlichen Fragen zu schaffen. Der Wunsch des Reichsmarschalls, ihm einen Entwurf über die organisatorischen, sachlichen und materiellen Belange im Hinblick auf die Endlösung der europäischen Judenfrage zu übersenden, erfordert die vorherige gemeinsame Behandlung aller an diesen Fragen unmittelbar beteiligten Zentralinstanzen im Hinblick auf die Parallelisierung der Linienführung«, heißt es weiter. Über elf Millionen Juden sollte die »Endlösung« erfassen.

Zur Umsetzung der »Endlösung« hielt das Protokoll fest: »Anstelle der Auswanderung ist nunmehr als weitere Lösungsmöglichkeit nach entsprechender vorheriger Genehmigung durch den Führer die Evakuierung der Juden nach dem Osten getreten. [...] Unter entsprechender Leitung sollen nun im Zuge der Endlösung die Juden in geeigneter Weise im Osten zum Arbeitseinsatz kommen. In großen Arbeitskolonnen, unter Trennung der Geschlechter, werden die arbeitsfähigen Juden straßenbauend in diese Gebiete geführt, wobei zweifellos ein Großteil durch natürliche Verminderung ausfallen wird. Der allfällig endlich verbleibende Restbestand wird, da es sich bei diesem zweifellos um den widerstandsfähigsten Teil handelt, entsprechend behandelt werden müssen, da dieser, eine natürliche Auslese darstellend, bei Freilassung als Keimzelle eines neuen jüdischen Aufbaues anzusprechen ist. (Siehe die Erfahrung der Geschichte.) Im Zuge der praktischen Durchführung der Endlösung wird Europa vom Westen nach Osten durchgekämmt.« Juden über 65 Jahre, Kriegsverletzte oder Juden mit Kriegsauszeichnungen sollten in ein »Altersgetto« (Theresienstadt) gebracht werden. Unklarheit bestand darüber, wie mit so genannten Mischlingen und jüdischen Partnern in »Mischehen« zu verfahren sei. Eine Entscheidung wurde an diesem Tag nicht getroffen.

Gegenstand der Wannsee-Konferenz war nicht der Beschluss über den Völkermord an den europäischen Juden, sondern seine verwaltungsmäßige Koordination und systematische Umsetzung. Sowohl Massenerschießungen als auch Deportationen waren zu diesem Zeitpunkt längst an der Tagesordnung. Bereits am 30. Januar 1939 hatte Hitler vor dem Reichstag »die Vernichtung der jüdischen Rasse in Europa« im Falle eines Weltkrieges angedroht. Mit dem Ausbruch des Zweiten Weltkriegs hatte das NS-Regime begonnen, diese Drohung wahr zu machen. Nach dem deutschen Angriff auf Polen im September 1939 gingen Wehrmacht und Einsatzgruppen der SS mit äußerster Härte gegen polnische Juden vor. An vielen Orten organisierten sie Pogrome und Massenerschießungen. Seit Anfang 1940 wurde die jüdische Bevölkerung in Gettos deportiert, wo sie unter unmenschlichen Bedingungen leben musste. Allein im Warschauer Getto starben 96 000 Menschen. Nach dem Überfall auf die Sowjetunion im Juni 1941 erreichte die nationalsozialistische Verfolgungs- und Vernichtungspolitik eine neue Dimension. Nachdem in den ersten Wochen des Russlandfeldzuges zehntausende jüdische Männer im wehrpflichtigen Alter von Einsatzgruppen der Sicherheitspolizei und des SD erschossen worden waren, fielen ab Ende Juli hunderttausende jüdische Männer und Frauen jeden Alters, Kinder, ganze Familien, den Mordkommandos zum Opfer. Ab Herbst 1941 kamen zur massenhaften Tötung auch »Gaswagen« zum Einsatz. In umgebauten Lastwagen, deren Auspuffgase in den abgedichteten Innenraum geleitet wurden, erstickten die Menschen langsam und qualvoll. Zur gleichen Zeit begannen, systematisch vorbereitet und organisiert, die Deportationen deutscher Juden in die Gettos, wo die meisten von ihnen innerhalb kurzer Zeit aufgrund der katastrophalen Lebensbedingungen starben. Wer hier nicht den Tod fand, wurde weiter in die Vernichtungslager deportiert. Auch die »Vernichtung durch Arbeit«, die das Protokoll der

Wannsee-Konferenz beschreibt, war bereits seit Herbst 1941 Bestandteil des Völkermords.

Einige Wochen nach der Konferenz, im Frühjahr 1942, setzte eine neue jede Vorstellungskraft übersteigende Welle von Deportationen ein. Aus fast ganz Europa fuhren die Deportationszüge nach Belzec, Sobibor und in das Konzentrationslager Auschwitz, das mit der Erweiterung um die beiden Hauptlager Birkenau und Monowitz und um vierzig Außen- und Nebenlager zum größten Konzentrations- und Vernichtungslager ausgebaut wurde. Allein bei den Bauarbeiten kamen 8000 Häftlinge ums Leben. Bereits im Herbst 1941 hatte die SS hier an sowjetischen Kriegsgefangenen das Giftgas Zyklon B »erprobt«. Mit dem Bau noch größerer Tötungsanlagen auf dem neusten Stand der Technik mit Gaskammern und angeschlossenen Krematorien wurde Auschwitz-Birkenau zu einer riesigen Todesfabrik. Tausende Menschen kamen dort auch durch medizinische Versuche ums Leben.

Heydrich starb am 4. Juni 1942 in Prag an den Folgen eines Attentats durch tschechische Widerstandskämpfer. In einem grausamen »Vergeltungsakt« machte die SS in der Nacht vom 9. zum 10. Juni das zwanzig Kilometer westlich von Prag gelegene Dorf Lidice dem Erdboden gleich. Der Ort hatte damals fast fünfhundert Einwohner. Alle Männer über sechzehn Jahren wurden erschossen, die Frauen in das Konzentrationslager Ravensbrück verschleppt und die Mehrheit der Kinder im Vernichtungslager Chelmno vergast. Einige von ihnen wurden zur »Eindeutschung« in deutsche Familien gegeben.

Das Haus der Wannsee-Konferenz, nach Kriegsende zunächst von sowjetischen Marinesoldaten, dann von amerikanischen Offizieren genutzt, wurde 1947 Sitz des neu gegründeten August-Bebel-Instituts. Von 1952 bis 1988 diente es dem Bezirk Neukölln als Schullandheim. Ab Mitte der 1960er-Jahre setzte sich der Historiker Joseph Wulf dafür ein, in der Villa ein internationales Dokumentations- und Forschungszentrum einzurichten. Als Überlebender von Auschwitz hatte er sich seit 1945 ganz der Aufarbeitung des Nationalsozialismus und seiner Vernichtungspolitik gewidmet und die ersten umfangreichen Dokumentationen zum »Dritten Reich« veröffentlicht. Wulf fand prominente Fürsprecher, wie den Präsidenten des Jüdischen Weltkongresses,

Nahum Goldmann, die Philosophen Max Horkheimer und Karl Jaspers sowie den Theologen Helmut Gollwitzer. Der Berliner Senat war jedoch nicht bereit, das Haus zur Verfügung zu stellen. Wulfs jahrelange Bemühungen endeten 1972 ergebnislos. Wenige Monate nach dem Tod seiner Frau nahm er sich 1974 das Leben.

Erst Anfang der 1980er-Jahre, anlässlich des 40. Jahrestages der Wannsee-Konferenz, gründeten sich erneut Initiativen zur Errichtung einer Gedenkstätte an diesem Ort, zehn Jahre später schließlich, am 20. Januar 1992 fand die Eröffnung statt. Die Dauerausstellung dokumentiert den Holocaust und stellt mit zahlreichen Fotos den gesamten Prozess der Diskriminierung, Ausgrenzung, Entrechtung, Verfolgung, Verschleppung und Ermordung der europäischen Juden dar. Im ehemaligen Tagungsraum finden sich Informationen zur Wannsee-Konferenz und zu den Teilnehmern. Zur Gedenkstätte gehört außerdem eine umfangreiche Bibliothek und Mediothek, benannt nach Joseph Wulf. Hier kann auch das »Archiv der Erinnerung« des Potsdamer Moses Mendelssohn Zentrums für europäisch-jüdische Studien und der Yale University eingesehen werden. Es handelt sich dabei um Mitte der 1990er-Jahre entstandene Videoaufzeichnungen von 78 Interviews mit Überlebenden des Holocaust aus Berlin und Brandenburg.

Evangelische Kirchengemeinde Dahlem

Die Gemeinde Dahlem mit der St.-Annen-Kirche war eines der wichtigsten Zentren der Bekennenden Kirche, die sich 1934 innerhalb der evangelischen Kirche zum Widerstand gegen das NS-Regime bildete. Die Bewegung ging aus dem Pfarrernotbund hervor, der auf Initiative von Pfarrer Martin Niemöller im September 1933 in Dahlem gegründet worden war. Nach dessen Verhaftung im Juli 1937 trat Helmut Gollwitzer als Prediger und Seelsorger an Niemöllers Stelle. Er hielt Fürbittegottesdienste in der St.-Annen-Kirche, die wegen ihrer offenen, kritischen Worte schon bald weit über die Gemeinde hinaus bekannt waren. Auf dem Friedhof erinnert eine Installation von Nikolaus Koliusis an die Opfer der nationalsozialistischen Terrorherrschaft.

St.-Annen-Kirchhof der
Gemeinde Dahlem
Königin-Luise-Straße 55
14195 Berlin

Gemeindebüro
Thielallee 1
14195 Berlin
Tel. 84 17 05-0

Verkehrsverbindung
U1 oder Bus X11 bis
Dahlem Dorf; Bus 110,
183, X83 bis Domäne
Dahlem

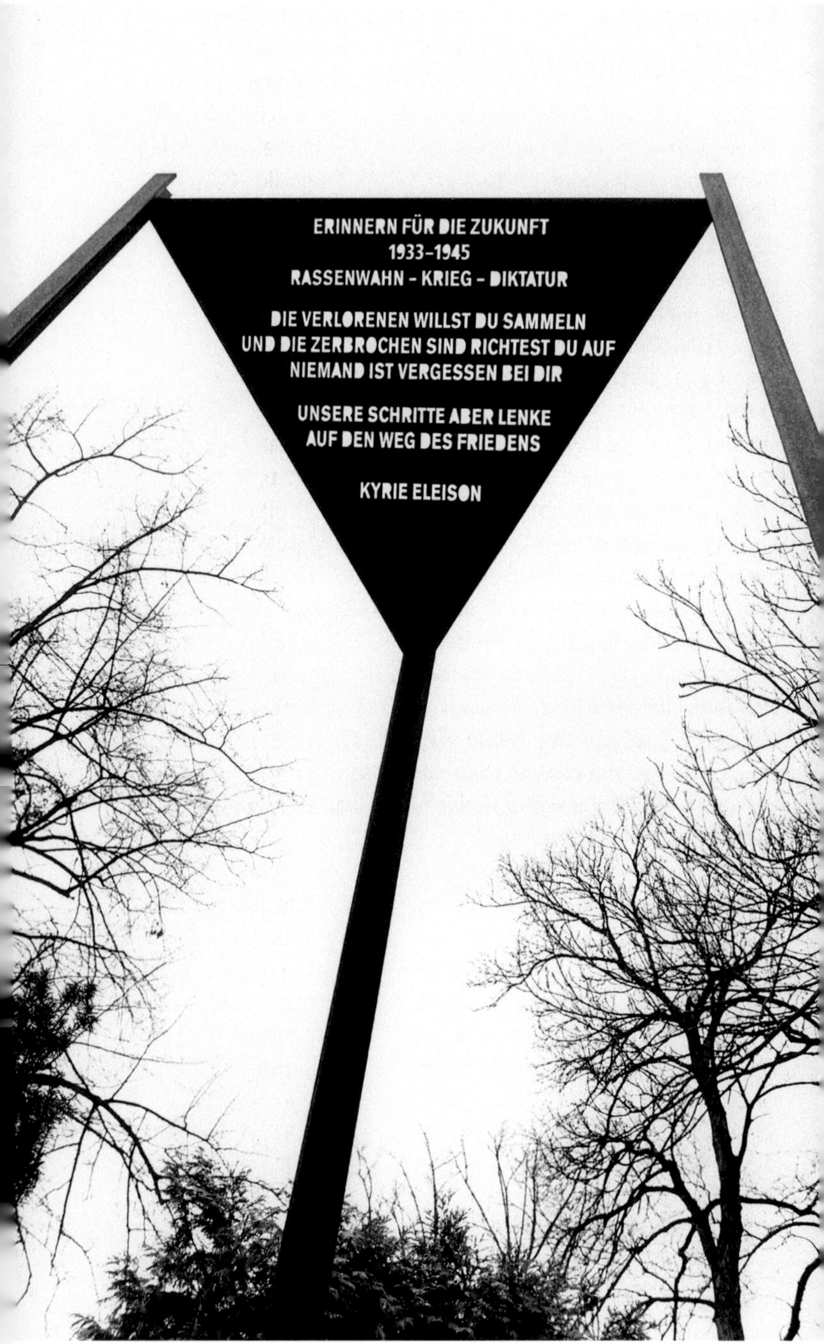
ERINNERN FÜR DIE ZUKUNFT
1933–1945
RASSENWAHN – KRIEG – DIKTATUR
DIE VERLORENEN WILLST DU SAMMELN
UND DIE ZERBROCHEN SIND RICHTEST DU AUF
NIEMAND IST VERGESSEN BEI DIR
UNSERE SCHRITTE ABER LENKE
AUF DEN WEG DES FRIEDENS
KYRIE ELEISON

Das aus Stahl gefertigte Mahnmal, das 1996 am Eingang zum Friedhof der St.-Annen-Kirche errichtet wurde, besteht aus drei langen aufrechtstehenden Stäben, die eine dreieckige Gedenktafel stützen. Um die in das Metall gestanzte Inschrift zu lesen, muss man den Blick nach oben richten; Himmel und Bäume schimmern durch die Buchstaben und scheinen die Worte in Bewegung zu versetzen. Die Dreiecksform der Tafel steht für den Stoffwinkel, den alle Gefangenen in den Konzentrationslagern zur Kennzeichnung der verschiedenen Häftlingsgruppen an ihrer Kleidung aufgenäht tragen mussten.

Martin Niemöller, der sich zunächst für eine militärische Laufbahn entschieden hatte, war während des Ersten Weltkriegs Offizier auf einem U-Boot, im letzten Kriegsjahr U-Boot-Kommandant. Von 1919 bis 1923 studierte er Theologie; im Sommer 1931 trat er seine erste Pfarrstelle in der Gemeinde Dahlem an. Völkisch-national eingestellt, befürwortete er anfangs den nationalsozialistischen Staat, war aber zugleich ein entschiedener Verfechter der kirchlichen Unabhängigkeit. Nach der Einführung des »Arierparagraphen« in der Kirche im September 1933 rief Niemöller zusammen mit anderen Berliner Pfarrern zur Gründung des Pfarrernotbundes auf. Ziel war es, die Ausgrenzung von Christen jüdischer Herkunft aus dem kirchlichen Leben und die Verfälschung der christlichen Lehre durch die Nationalsozialisten zu verhindern. Anfang 1934 gehörten ihm mit über 7000 Mitgliedern rund vierzig Prozent der evangelischen Geistlichen an.

Im Mai 1934 trat die kirchliche Opposition in Wuppertal-Barmen zur ersten Bekenntnissynode zusammen. In entschiedener Abgrenzung zu den Deutschen Christen formulierten die Teilnehmer ihre Position in der von dem Schweizer Theologen Karl Barth entworfenen »Barmer Theologischen Erklärung«. Einer Kirche, die neben der Bibel »auch noch andere Ereignisse und Mächte, Gestalten und Wahrheiten als Gottes Offenbarung« anerkenne, erteilten die Unterzeichner eine klare Absage. Die Bekennende Kirche konstituierte sich; Martin Niemöller gehörte ihrer Leitung an. Auf einer zweiten Bekenntnissynode im Oktober im Gemeindehaus Dahlem, gegenüber der St.-Annen-Kirche, berief sie sich, in der Absicht, sich von den Weisungen der Reichskirche loszusagen, auf ein kirchliches Notrecht. Sie verstand sich selbst als rechtmäßige Evangelische Kirche. Das nationalsozialistische

Regime jedoch verweigerte der Bekennenden Kirche die Anerkennung und schränkte sie durch Verbote zunehmend ein. Immer öfter kam es vor, dass Pfarrer bespitzelt, verfolgt, vertrieben, verhaftet, manche sogar in Konzentrationslager verschleppt wurden. Unter diesem Druck gaben viele Mitglieder der Bekennenden Kirche nach und suchten Kompromisse mit den Machthabern. Nur wenige Pfarrer ließen sich in ihrem grundsätzlichen Widerspruch gegenüber dem NS-Staat nicht erschüttern.

Am 19. Juni 1937 griff Niemöller Hitler im Gottesdienst direkt an: »So lange noch einer im Gefängnis sitzt, so lange noch einer ausgewiesen ist, so lange noch einer Redeverbot hat, weil er Angriffe zurückgewiesen hat, oder weil er Abfall vom Glauben ganz klar Abfall genannt hat, oder einer ins Gefängnis kommen wird, weil er Gaben sammelt, so lange ist die Frage, ob das Wort des Führers gilt, negativ beantwortet.« Knapp zwei Wochen später, am 1. Juli, wurde Niemöller verhaftet und in das Untersuchungsgefängnis Moabit gebracht. Obwohl das Gericht ihn im März 1938 von der Anklage der Heimtücke, des Hoch- und Landesverrats freisprach, verschleppte die Gestapo ihn unmittelbar nach Verkündung des Urteilsspruchs als »persönlichen Gefangenen des Führers« in das Konzentrationslager Sachsenhausen. Von dort kam er im Juli 1941 nach Dachau. Bis zum Zusammenbruch des NS-Regimes blieb Niemöller in Gefangenschaft. Er überlebte und war in der Bundesrepublik in leitenden kirchlichen Positionen und in der Friedensbewegung aktiv. Im März 1984 starb er.

Niemöller, der zusammen mit anderen Mitgliedern der Bekennenden Kirche am 19. Oktober 1945 im »Stuttgarter Schuldbekenntnis« die Mitschuld der evangelischen Kirche an den Verbrechen des Nationalsozialismus formulierte, bekannte sich immer wieder zu seiner persönlichen Verantwortung. Oft wird er mit den Worten zitiert: »Als die Nazis die Kommunisten holten, habe ich geschwiegen; ich war ja kein Kommunist. – Als sie die Sozialdemokraten einsperrten, habe ich geschwiegen; ich war ja kein Sozialdemokrat. – Als sie die Gewerkschaftler holten, habe ich geschwiegen; ich war ja kein Gewerkschaftler. – Als sie mich holten, gab es keinen mehr, der protestieren konnte.« Nach seiner Verhaftung und Einweisung in das Konzentrationslager Sachsenhausen haben indes viele Christen, vor allem viele Mitglieder der Dahlemer Gemeinde, immer wieder in Fürbittegottesdiensten seiner gedacht.

Auch nach Niemöllers Verhaftung blieb die Dahlemer Gemeinde ein Zentrum der Bekennenden Kirche. Seine Nachfolge als Leitfigur der Bekennenden Kirche in dieser Gemeinde trat Helmut Gollwitzer an, ein Schüler Karl Barths, der seit 1936/37 junge Bekenntnistheologen ausbildete. Nachfolger Niemöllers im Pfarramt wurde jedoch Walter Dreß. Der Gemeindekirchenrat hatte mehrheitlich gegen Gollwitzer gestimmt. Die Gemeinde war gespalten in die Mitglieder, die den Kirchenkampf fortsetzen wollten, und solche, die dem Kurs der Deutschen Christen nachgaben. Gollwitzer wurde von den Sonntagsgottesdiensten ausgeschlossen. Dies führte dazu, dass die Bekennende Gemeinde ihre Gottesdienste sonnabends oder mittwochs feierte. Diese Fürbittgottesdienste, in denen Verhafteten und Ausgewiesenen namentlich gedacht wurde, waren oft stärker besucht als die regulären Gottesdienste am Sonntag.

Am Buß- und Bettag nach dem Pogrom vom 9. November 1938 begann Gollwitzer seine Predigt mit den Worten: »Wer kann denn jetzt noch predigen? Sollten wir nicht einfach still sein, um Gott um Vergebung zu bitten für unser Volk? [...] Wir sind mitverhaftet in die große Schuld, dass wir schamrot werden müssen, wie biedere Menschen sich auf einmal in grausame Bestien verwandeln. Wir sind alle daran beteiligt, der eine durch Feigheit, der andere durch Bequemlichkeit, die allem aus dem Wege geht, durch das Vorübergehen, das Schweigen, das Augenzumachen, durch die Trägheit des Herzens, durch die verfluchte Vorsicht [...] Tue den Mund auf für die Stummen und für die Sache aller!« Zusammen mit Gertrud Staewen unterstützte Gollwitzer Christen jüdischer Herkunft und Juden. Er stand in Kontakt zum Widerstandskreis um Generaloberst Ludwig Beck, der maßgeblich an den Vorbereitungen zum Attentat auf Hitler am 20. Juli 1944 beteiligt war. Als Seelsorger betreute er auch solche Gemeindemitglieder, die dem NS-Regime dienten, wie Reichsjustizminister Franz Gürtner, und versuchte Einfluss auf sie zu nehmen.

1940 wurde Gollwitzer aus Berlin ausgewiesen und erhielt »Reichsredeverbot« wegen »volkszersetzender Tätigkeit«. Er wurde zur Wehrmacht einberufen. Nach dem Zusammenbruch des NS-Regimes befand er sich bis Dezember 1949 in russischer Kriegsgefangenschaft. Knapp zwanzig Jahre lang war Gollwitzer Professor für Evangelische Theologie an der Freien Universität Berlin. Er starb 1993 und wurde auf dem St.-Annen-Kirchhof beerdigt.

Spiegelwand

Die Spiegelwand auf dem Hermann-Ehlers-Platz erinnert an die Verfolgung, Verschleppung und Ermordung der Steglitzer Juden durch die Nationalsozialisten und an die kleine Vereinssynagoge in der Düppelstraße 41. Die hochglänzende Edelstahlwand von neun Metern Länge und dreieinhalb Metern Höhe zitiert aus den Deportationslisten der Gestapo. Jeder Blick auf die Namen zeigt dem Betrachter zugleich das eigene Spiegelbild und im Hintergrund das Alltagsleben. Mit ihrem Denkmalsentwurf waren die Architekten Wolfgang Göschel und Joachim von Rosenberg zusammen mit dem Historiker Hans-Norbert Burkert 1992 als Gewinner aus dem Wettbewerb »Denkzeichen ehemalige Synagoge Haus Wolfenstein« hervorgegangen.

Verkehrsverbindung
U9, S1, Bus X83, 148, 170, 180, 183, 185, 186, 277, 280, 283, 285, 383 bis S+U Rathaus Steglitz

1878 gründeten vierzehn Juden den Religiösen Verein Jüdischer Glaubensgenossen in Steglitz. Erster Vorsitzender wurde der Kaufmann Moses Wolfenstein. Seine Mutter war 1850 mit ihm in den Berliner Vorort Steglitz gezogen und hatte dort ein Bekleidungsgeschäft eröffnet, das er später übernahm. Eine Zeit lang hielt die kleine Gemeinde ihre Gottesdienste im Hofgebäude einer Holz- und Kohlenhandlung in der Albrechtstraße ab. Als der Raum wegen Baufälligkeit nicht mehr genutzt werden konnte, beschloss Wolfenstein 1897, die Remise hinter seinem Wohn- und Geschäftshaus in der Düppelstraße 41 zu einer Synagoge umbauen zu lassen. Um 1910 zählte Steglitz bereits siebenhundert jüdische Einwohner. Da der Platz in der Synagoge nicht mehr ausreichte, fanden zusätzliche Gottesdienste im Saal der neu eröffneten Jüdischen Blindenanstalt in der Wrangelstraße statt.

Zur Zeit der Machtübernahme der Nationalsozialisten im Januar 1933 lebten über 3000 Juden in Steglitz. Einem großen Teil von ihnen gelang die Flucht ins Ausland, viele aber wurden in Konzentrations- und Vernichtungslager deportiert und dort ermordet. Am Ende des Zweiten Weltkriegs zählte die Jüdische Gemeinde Steglitz weniger als 140 Mitglieder.

In der Pogromnacht vom 9. November 1933 hatten die Nationalsozialisten die kleine Synagoge nicht wie die meisten anderen jüdischen Gotteshäuser in Deutschland in Brand gesteckt: »Einige Stunden bevor das allgemeine Signal zum Anzünden gegeben wurde, erschien eine ›Kommission‹ auf meinem Grundstück, und zu ihrem größten Leidwesen musste diese feststellen, dass im Falle eines Brandes sowohl die unmittelbar benachbarte Tischlerei als auch die anliegenden Gebäude sehr stark gefährdet waren. Das war der einzige Grund, warum die Synagoge nicht angezündet, sondern im Laufe des Nachmittags des 10. November völlig ausgeraubt wurde«, erinnert sich Curt Wolfenstein, der Sohn des 1907 verstorbenen Moses Wolfenstein und letzte Vereinsvorsitzende. Seine Frau hatte noch vor dem Pogrom die Thorarollen retten können. Die Machthaber erzwangen die Auflösung des Vereins, die Familie Wolfenstein flüchtete in die USA. Das Grundstück in der Düppelstraße wurde »arisiert«, die ehemalige Synagoge als Lagerraum genutzt. 1943 beschädigten Bomben das Gebäude und zerstörten das Vorderhaus, das später abgerissen wurde.

1946 wurden die Räumlichkeiten der Synagoge zur privaten Nutzung instand gesetzt. An der Stelle des Vorderhauses entstanden zunächst eine Eisdiele und ein Biergarten. Ende der 1950er-Jahre regten Steglitzer Bürger zum ersten Mal an, mit einer Gedenktafel an die Synagoge zu erinnern, doch dieser und ein weiterer Versuch zwanzig Jahre später scheiterten. Als das Grundstück in der Düppelstraße 1987 seinen Besitzer wechselte, konnte die neu gegründete Initiative Haus Wolfenstein verhindern, dass das Gebäude dem Abriss zum Opfer fiel. Seit 1988 steht es unter Denkmalschutz. 1992 war der Neubau auf dem vorderen Teil des Grundstücks fertig gestellt. Der Eigentümer ließ zwar die Fassade der ehemaligen Synagoge originalgetreu wiederherstellen, das Innere jedoch wurde zur Nutzung als Büro völlig umgebaut. Gespräche, die die Initiative Haus Wolfenstein sowohl mit dem Eigentümer als auch mit der Steglitzer Bezirksverwaltung suchte, um die Einrichtung einer Erinnerungs- und Begegnungsstätte zu erwirken, blieben ergebnislos.

Im Mai 1992 beschloss der Bezirk Steglitz die Auslobung eines Kunstwettbewerbs für ein Denkmal auf dem Hermann-Ehlers-Platz und lud sieben Künstler zur Teilnahme ein. Nachdem im Herbst des Jahres die Entscheidung für die Spiegelwand fiel, vergingen jedoch mehr als zweieinhalb Jahre, ehe das Denkmal eingeweiht werden konnte. Die Realisierung stieß auf die vehemente Ablehnung großer Teile der Bezirksverordnetenversammlung und der Steglitzer Bevölkerung. Dass die Spiegelwand »überdimensioniert« sei, wie es unter anderem hieß, war nur ein vordergründiges Motiv der Gegner, von denen einige die Auseinandersetzung mit der NS-Vergangenheit überhaupt ablehnten. Es folgte eine langwierige, teils sehr heftig geführte Kontroverse, die weit über den Bezirk und Berlin hinaus Aufsehen erregte und Befremden hervorrief. Schließlich beendete die Berliner Senatsverwaltung für Bau- und Wohnungswesen die Debatte und leitete die ersten Schritte zur Errichtung des Denkmals ein.

Die Spiegelwand steht im rechten Winkel zur Häuserfassade der Düppelstraße – vor dem Haus Nummer 41, hinter dem sich die ehemalige Synagoge befindet. Sie ist beschriftet mit den Namen von 1723 jüdischen Einwohnern aus ganz Berlin, die von Oktober 1941 und März 1945 in Gettos, Konzentrations- und Vernichtungslager deportiert wurden. Unter den Genannten sind 230

Steglitzer Juden. Die Namen sind den erhalten gebliebenen Deportationslisten der Gestapo entnommen, die die Organisation des Völkermordes mit größter bürokratischer Sorgfalt vorbereitete. Jeder Deportationszug, der Berlin verließ, wurde dokumentiert; die Listen nennen Namen und Geburtsdaten sowie die letzten Adressen der Opfer. Von den über 50 000 aus Berlin verschleppten Juden haben nur etwa 1900 überlebt. Auf beiden Seiten der Spiegelwand erinnern zwischen den Namen außerdem Texte und Bilder an die Verfolgung und Vernichtung der jüdischen Einwohner Berlins, an ihre Geschichte vor dem Holocaust und an das gegenwärtige jüdische Leben in der Stadt.

Konzentrationslager Columbia-Haus

Das Columbia-Haus, das sich in unmittelbarer Nähe zum Flughafen Tempelhof befand, galt als eine der grausamsten Folterstätten in den ersten Jahren der NS-Herrschaft.
In diesem Haus, zunächst ein Gestapo-Gefängnis, später ein Konzentrationslager, wurden zwischen 1933 und 1936 Menschen bestialisch gequält und ermordet. Wie im Konzentrationslager Dachau »übten« sich auch hier zukünftige KZ-Kommandanten in der Anwendung brutaler Gewalt. Nach der Errichtung des Konzentrationslagers Sachsenhausen bei Oranienburg wurde das Columbia-Haus geschlossen. 1938 ließ man das Gebäude im Zusammenhang mit dem Flughafenausbau abreißen. Am Columbiadamm, Ecke Golßener Straße, erinnert heute eine Stahlskulptur des Bildhauers Georg Seibert an den Ort des Terrors.

Verkehrsverbindung
Bus 104 bis Golßener Straße; U6 bis Platz der Luftbrücke (weiter mit Bus 104); U8 bis Boddinstraße (weiter mit Bus 104)

Der Columbiadamm ist eine breite, stark befahrene Straße, die die Bezirke Tempelhof und Neukölln verbindet. Der westliche Abschnitt begrenzt das Gelände des Tempelhofer Flughafens, auf der gegenüberliegenden Straßenseite befinden sich in ehemaligen Kasernen Einrichtungen der Berliner Polizei. Hier wurde 1994 auf dem Grünstreifen, der Straße und Fußweg voneinander trennt, das Mahnmal von Georg Seibert errichtet. Die fast drei Meter hohe Skulptur aus Stahlplatten deutet ein Haus an. Zur Straße hin ist es geschlossen, vom Fußweg aus betrachtet, fehlen Außenwand und Dach. Vier parallele Wände bilden enge Räume, die die Assoziation von Gefängniszellen hervorrufen. Die Inschrift an einer frei stehenden Giebelwand gedenkt der Opfer der Gewalt im Columbia-Haus.

Das Gebäude, eine Militärarrestanstalt, entstand Ende des 19. Jahrhunderts, zur gleichen Zeit wie die benachbarten Kasernen. Im Sommer 1933 lieferte die Gestapo die ersten Häftlinge in das Columbia-Haus ein. Das »Hausgefängnis« für politische Gegner in der Gestapo-Zentrale, Prinz-Albrecht-Straße 8 (heute Niederkirchnerstraße) war überbelegt. In kürzester Zeit drängten sich auch im Columbia-Haus die Inhaftierten unter unmenschlichen Bedingungen. Im September hatte die Gestapo in den 156 Einzelzellen bereits vierhundert Häftlinge eingesperrt. Während der folgenden Monate mussten sich durchschnittlich 450 Menschen den Platz teilen. Zu den Gefangenen zählten vor allem Kommunisten, Sozialdemokraten, Gewerkschafter und Mitglieder kleiner sozialistischer Gruppierungen, später viele Homosexuelle und ab Sommer 1934, nach dem so genannten Röhm-Putsch, auch SA-Führer. Bei ihrer Einlieferung und während der Verhöre wurden die Häftlinge von den SS-Wachmannschaften erniedrigt und brutal misshandelt. Einige von ihnen wurden so schwer gefoltert, dass sie an den Folgen starben, andere wurden ermordet.

Der Journalist Stefan Szende, damals leitendes Mitglied der Sozialistischen Arbeiterpartei (SAP), wurde 1933/34 fünf Wochen im Columbia-Haus gefangen gehalten. Seine 1975 veröffentlichten Erinnerungen schrieb er in der dritten Person – vielleicht, um auf diese Weise die Qualen der Erinnerung zu mildern, wie Willy Brandt im Vorwort zu dem Buch seines Freundes mutmaßte. »Sie kamen, die SS-Männer der Wache, einer nach dem anderen. Fäuste und Tritte. Zwei, drei Minuten Pause. Wieder Fäuste und

Tritte. Und wieder und wieder. Endlich eine längere Pause. War es spät nachts geworden? Schwere Stiefel im Korridor, vorn, wo die Zellenreihe begann. Schlüsselgeklirr. Zehn, fünfzehn Sekunden nichts. Dann wieder Stiefelschritte, Schlüsselgeklirr. Immer näher. Stefans Zellentür wurde aufgeschlossen. Ein Riese, in schwarzer Uniform, mit zu klein geratenem Kopf auf breiten Schultern. Stefan meldete vorschriftsmäßig. Die Frage: ›Warum bist du hier?‹ Die Antwort: ›Weil ich Sozialist bin.‹ Noch hing das Wort in der Luft, und schon sauste der Schlag nieder, wie ein Beil, unerwartet. Es war der fürchterlichste Schlag ins Gesicht, den Stefan jemals erhielt. Der Schwung schien ihn hochzuheben. Stefan flog. Der Hinterkopf stieß hart an die Rückwand.«

Bereits unmittelbar nach dem Reichstagsbrand am 27. Februar 1933 hatten die nationalsozialistischen Machthaber die ersten Großrazzien gegen politische Gegner veranlasst. Sie machten die Kommunisten verantwortlich und nutzten das Ereignis, um die Grundrechte der Weimarer Verfassung außer Kraft zu setzen und ihre Gegner zu verfolgen. Wer als verdächtig galt, konnte verhaftet, festgehalten und bestraft werden, ohne dass Beweise vorgelegt werden mussten. Die SA nahm ihre Opfer in »Schutzhaft« und sperrte sie in »wilde Konzentrationslager«, die in Berlin in großer Zahl spontan in Kellern und Kasernen eingerichtet wurden, wie zum Beispiel auch unweit des Columbia-Hauses in der Kaserne in der General-Pape-Straße.

Im Dezember 1934 wurde das Columbia-Haus in das System der Konzentrationslager integriert; aus dem Gestapo-Gefängnis wurde das »Konzentrationslager Columbia«. Es fiel damit in den Verantwortungsbereich des Inspekteurs aller Konzentrationslager, Theodor Eicke. Unter seiner Leitung war ab 1933 das KZ Dachau zum Modell für alle weiteren Lager ausgebaut worden. Auf ihn geht die Einteilung der Lager in zwei Bereiche zurück: in das von vielfältigen Sicherungsanlagen und Wachtürmen umgebene Häftlingslager einerseits und den so genannten Kommandanturbereich mit Verwaltungsgebäuden und Kasernen für die SS andererseits. Eicke entwickelte außerdem die Lagerordnung mit detaillierten Bestimmungen. Das Konzentrationslager Columbia bestand bis November 1936, dann wurde es geschlossen. Die Häftlinge brachte man nach Sachsenhausen. Vermutlich waren in den dreieinhalb Jahren zwischen 8000 und 10 000 Menschen an diesem Ort inhaftiert.

Von den »wilden Konzentrationslagern« schrieb der Schriftsteller Lion Feuchtwanger bereits in seinem Roman »Die Geschwister Oppermann«, der 1933 in Amsterdam erschien: »Die Örtlichkeiten, von denen man mit dem größten Grauen sprach, sind die Keller der völkischen Unterkünfte in der Hedemannstraße, in der General-Pape-Straße und verschiedene in Köpenick, in Spandau. An ihnen wird man wohl, [...] ist erst die Herrschaft der Völkischen zusammengebrochen, Tafeln zum Gedenken an Deutschlands tiefste Schmach anbringen.« Feuchtwanger sollte Recht behalten. Es dauerte jedoch mehrere Jahrzehnte, ehe man manche dieser Terrorstätten durch Gedenktafeln oder Mahnmale in Erinnerung rief, wie etwa am Werner-Voss-Damm 62 (Ecke General-Pape-Straße) in Tempelhof.

HIER WOHNTE
LEO MARCUS
JG. 1898
DEPORTIERT 1943
31. OSTTRANSPORT
HIER WOHNTE
MARGOT
MARCUS
JG. 1910
DEPORTIERT 1943
31. OSTTRANSPORT
HIER WOHNTE
FLORA WEISS
JG. 1870
DEPORTIERT 1942

Stolpersteine

»Stolpersteine« sind 10 mal 10 mal 10 Zentimeter kleine Betonsteine mit einer auf der Oberseite befestigten Messingplatte. Jeder Stein erinnert an einen von den Nationalsozialisten vertriebenen oder ermordeten Menschen. In die Messingplatte ist der Name, das Geburtsjahr und das Schicksal des Einzelnen eingraviert. Die Stolpersteine sind an dem letzten Wohnort der Opfer flach in den Bürgersteig eingelassen, vor Hauseingängen, Hofeinfahrten oder mitten auf dem Weg. Der Künstler Gunter Demnig, der das Projekt 1992 in Köln begann, verlegte die ersten Steine in Berlin mit Unterstützung der Neuen Gesellschaft für Bildende Kunst 1996 in der Kreuzberger Oranienstraße, in der damals viele Juden lebten. Inzwischen hat er mehrere hundert Stolpersteine in Friedrichshain-Kreuzberg und in Mitte in den Boden eingelassen. Die Verlegung weiterer Steine in diesen und anderen Bezirken ist geplant.

www.stolpersteine.com

Kreuzberg Museum
Adalbertstraße 95A
10999 Berlin
Tel. 50 58 52 33
www.
kreuzbergmuseum.de

Bürgerverein
Luisenstadt e.V.
Michaelkirchstraße 7
10179 Berlin
Tel. 27 59 30 36

Verkehrsverbindung
Oranienstraße: U1, U15 bis Kottbusser Tor oder Görlitzer Bahnhof, U8 bis Kottbusser Tor oder Moritzplatz; Bus 129 (fährt die Oranienstraße entlang), 140 bis Adalbertstraße/Oranienstraße, 141 bis U Kottbusser Tor oder bis U Moritzplatz, 143 bis Lindenstraße/Oranienstraße
Hackescher Markt: S3, S5, S7, S9, S75, Tram 1 bis 6, 13, 15, 53

»Hier wohnte Margarete Berger/Jg. 1910/deportiert 3.1.1943«, »Hier wohnte Alfons Berger/Jg. 1901/deportiert [...]« – vor dem Hofeingang in der Oranienstraße 175, nahe der Adalbertstraße, erinnern zwei Steine an die beiden ehemaligen Hausbewohner. Etwa fünfzig Stolpersteine verlegte Demnig bisher allein in dieser Straße. Eher unauffällig fügen sich die kleinen Gedenksteine in das Pflaster ein – man stolpert in einem übertragenen Sinn darüber. Wenn sie plötzlich vor einem im Weg liegen, sind sie nur schwer zu übersehen. »Durch das persönliche Erinnern an diesen Menschen, vor dem Haus, in dem er bis zur Deportation gewohnt hat, wird die Erinnerung an ihn ganz konkret in unseren Alltag geholt. Wobei jeder persönliche Stein wiederum auch die Gesamtheit der Opfer symbolisiert, denn alle eigentlich nötigen Steine kann man nicht verlegen«, so Demnig. Dass man auf die Messingplatten tritt, gehört zur Idee des Künstlers: Durch das Begehen werden sie blank poliert und fallen ins Auge, die Erinnerung wird angeregt.

In der Oranienstraße, einer belebten Einkaufsstraße, die von den Bewohnern des dicht besiedelten Arbeiterviertels früher »Kurfürstendamm des Ostens« genannt wurde, hatten sich seit Ende des 19. Jahrhunderts viele jüdische Geschäftsleute niedergelassen. 1888 eröffneten die vier Brüder Wertheim in der Oranienstraße 145/146 eine Filiale ihres Stralsunder Unternehmens für Manufaktur- und Modewaren. Mitte der 1890er-Jahre ließen sie nach Plänen von Alfred Messel ein eigenes Geschäftshaus in der Oranienstraße 53/54 errichten, das später um einen ebenfalls von Messel entworfenen Bau auf dem Grundstück daneben erweitert wurde. 1913 zog Wertheim in ein größeres Gebäude schräg gegenüber am Moritzplatz. In der Oranienstraße 34 eröffneten Julius Klausner und Hermann Leiser 1891 das erste Leiser-Schuhhaus. Ebenfalls schon vor der Jahrhundertwende gründeten Isidor Heitinger und Meyer Levin im Haus 40/41 am Oranienplatz die »Deutsche Compagnie Heitinger & Co.«, ein Geschäft für Herrenkonfektion. Außer diesen und anderen jüdischen Unternehmern zogen auch viele jüdische Ärzte und Rechtsanwälte in die Oranienstraße und eröffneten hier ihre Praxen und Kanzleien.

Fast vierzig Häuser in der Oranienstraße wurden zwischen 1933 und 1939 »arisiert«, viele Juden mussten ihre Wohnungen und

Geschäfte zu Spottpreisen verkaufen. Ab Mai 1939 konnten Vermieter ihren jüdischen Mietern ohne Angabe von Gründen fristlos die Wohnung kündigen. Die auf die Straße gesetzten Mieter wurden zwangsweise in so genannte Judenhäuser eingewiesen. Zu einem solchen »Judenhaus« wurde auch das Haus Oranienstraße 206/207, Ecke Skalitzer Straße. Zwölf Stolpersteine erinnern an diesem Ort an ehemalige Bewohner, die aus den Wohnungen geholt und deportiert wurden. Das Haus existiert heute nicht mehr.

Im Jahr 2002 wurden die ersten Stolpersteine in Mitte eingeweiht, unter anderem vor den Häusern in der Rosenthaler Straße 32, 39, 42, in der Neuen Schönhauser Straße 10 und 15, Oranienburger Straße 90 und Krausnickstraße 8. Auch vor der Einfahrt zu den Hackeschen Höfen, Rosenthaler Straße 40/41, sind sechs Steine in die Bürgersteige eingelassen. 109 Menschen wurden aus diesem Häuserkomplex deportiert, darunter sechs Kinder unter zehn Jahren. Das jüngste von ihnen, Ury Davidsohn, war zum Zeitpunkt der Deportation nach Theresienstadt noch keine zwei Monate alt. Seine Mutter Paula Davidsohn lebte seit November 1942 in dem Haus. Beide wurden zuerst in das Sammellager in der Großen Hamburger Straße verschleppt, von hier aus am 15. Juni 1943 nach Theresienstadt deportiert und später in Auschwitz ermordet.

Gunter Demnig fertigt die Steine in Handarbeit an und verlegt sie selbst. Über 2000 Stolpersteine hat er inzwischen in verschiedenen Städten Deutschlands in das Pflaster der Bürgersteige eingelassen. Sie erinnern an Juden, Sinti und Roma, politisch Verfolgte, Homosexuelle, Zeugen Jehovas und andere Opfer des Nationalsozialismus. Die Steine werden über Spenden finanziert – für 95 Euro kann man die Patenschaft für einen Stolperstein übernehmen. Dass an den Recherchen zu den einzelnen Schicksalen Schüler umliegender Schulen beteiligt werden, ist ein wichtiger Bestandteil des Projekts. In Arbeitsgruppen werten die Jugendlichen Archivakten aus, führen Interviews mit Verwandten und Anwohnern, entwickeln Vorschläge für neue Stolpersteine und bereiten die Gedenkfeier bei der Verlegung vor. Demnig hat bereits Kontakt zu Städten in den damals von den Nationalsozialisten besetzten Ländern aufgenommen, um das Projekt eines Tages vielleicht europaweit auszudehnen.

Denkmal für die Synagoge in der Lindenstraße

An die Liberale Synagoge in der Lindenstraße (heute Axel-Springer-Straße) in Kreuzberg erinnert ein Denkmal, das der Architekt Zvi Hecker in Zusammenarbeit mit Micha Ullman und Eyal Weizmann entwarf.
Die Synagoge wurde in der Pogromnacht im November 1938 beschädigt. In den 1950er-Jahren fiel sie dem Abriss zum Opfer – wie die meisten jüdischen Gotteshäuser der Stadt. Auch an anderen Orten in Berlin rufen Mahnmale, Gedenksteine oder -tafeln die Verwüstung und Zerstörung der Synagogen und die Verfolgung und Vernichtung ihrer Gemeindemitglieder ins Gedächtnis, wie unter anderem am Fraenkelufer in Kreuzberg, in der Münchener Straße in Schöneberg, am Wullenwebersteg in Tiergarten, am Lindenufer in der Spandauer Altstadt und in der Levetzowstraße in Moabit.

Verkehrsverbindungen
Denkmal für die Synagoge Lindenstraße, Axel-Springer-Straße 48-50:
U2 bis Spittelmarkt;
Bus 129, 143, 240 bis Lindenstraße/Oranienstraße

Mahnmal an der Synagoge Fraenkelufer, Fraenkelufer 10-16:
U1, U8, U15 bis Kottbusser Tor; Bus 141 bis Kottbusser Brücke

Mahnmal für die Synagoge in der Münchener Straße, Münchener Straße 37:
U4, U7 Bayerischer Platz

Mahnmal für die Synagoge der Gemeinde Adass Jisroel in Tiergarten, Siegmundshof 11:
S3, S5, S7, S9, S75, Bus 123 bis S Tiergarten

Mahnmal für die Synagoge Lindenufer, Lindenufer 12:
U7, Bus X33, 133 bis U Altstadt Spandau;
Bus 130 bis Breite Straße/Markt

Das Denkmal mit dem Titel »*Page*« besteht aus Betonbänken, die genau dort errichtet wurden, wo einst die Bankreihen in der Synagoge standen. Eine Reihe ist wie eine Textzeile, alle zusammen »eine Seite aus dem Gebetbuch. Jede Seite des Talmud enthält eine Interpretation einer Bibelstelle aus verschiedenen Jahrhunderten. In diesem Zusammenhang ist unsere Arbeit zu verstehen. Sie ist eine Seite aus dem Buch und sie erzählt die hundertjährige Geschichte dieses Ortes«, so erklären die Künstler das Denkmal, das 1997 hinter dem Neubau in der Axel-Springer-Straße 48–50 errichtet wurde. Das Denkmal bezieht den ganzen Hof mit ein. So verweisen die Bänke, die Bäume und Büsche zwischen den Reihen und die Feuerzufahrt auf unterschiedliche »Zeitschichten«, die zusammen die Geschichte der Synagoge als eine »Geschichte von Verlust« darstellen. Während die Bänke an das verlorene Gebäude und so an die Vergangenheit erinnern sollen, steht die Feuerwehrzufahrt als heute geltende Bauvorschrift für die Gegenwart. Bäume und Büsche bedecken den Ort der Zerstörung und symbolisieren zugleich das Zusammenwachsen von Vergangenheit und Gegenwart. Es gehört zur Konzeption des Denkmals, dass der Ort sich verändert: »Der Garten, der dem natürlichen Wachstum überlassen werden soll, und die Bänke, die sich dort erheben, sollen eine neue Landschaft erschaffen.«

Die Liberale Synagoge in der Lindenstraße, 1890/91 nach Entwürfen der Architekten Wilhelm Albert Cremer und Richard Wolffenstein erbaut, war von der Straße aus kaum zu sehen. Nur durch die Hofdurchfahrt des Vorderhauses hatte man einen Blick auf das mittlere Portal des jüdischen Gotteshauses, das 1800 Menschen Platz bot. Im Vorderhaus befanden sich die Rabbiner-, Portier- und Kastellanwohnung sowie eine Religionsschule. Die Anlage – Vorderhaus und zurückversetzte Synagoge – galt als Vorbild für andere Synagogen in der Stadt. Bei dem Pogrom am 9. November 1938 wurde der Innenraum verwüstet, im Jahr darauf zwangen die Nationalsozialisten die Gemeinde, das Gebäude zu einem Getreidespeicher umzubauen. 1956 wurde die Synagoge einschließlich des Vorderhauses abgerissen.

Überall in Deutschland steckten in der Nacht vom 9. auf den 10. November 1938 Angehörige der SA und SS Synagogen in Brand. In Berlin wurden in dieser Nacht zehn der dreißig größeren Gemeinde- und Vereinssynagogen völlig zerstört, fünf erheblich,

acht geringfügig beschädigt. Zu den letzteren zählten vor allem die Hinterhofsynagogen, die meist nur deshalb von Brandstiftung verschont blieben, weil die Täter befürchteten, das Feuer könne auf anliegende Häuser übergreifen. Nur zwei Synagogen in Berlin, beide in Hinterhöfen gelegen, überstanden auch den Zweiten Weltkrieg weitgehend unversehrt und wurden vollständig wieder hergerichtet: die Gemeindesynagogen in der Rykestraße in Prenzlauer Berg und in der Pestalozzistraße in Charlottenburg, in der im Dezember 1945 der erste Gottesdienst der wiedergegründeten Jüdischen Gemeinde stattfand.

Fast alle Berliner Synagogen, selbst diejenigen, die den Pogrom und den Zweiten Weltkrieg nur leicht beschädigt überstanden hatten, wurden in den 1950er-Jahren abgerissen. Nach der Vertreibung und Vernichtung der jüdischen Bewohner durch die Nationalsozialisten hatten sie ihre Funktion verloren – wie es auf dem Gedenkstein für die Synagoge in der Münchener Straße 37 in Schöneberg heißt. Nur noch rund 8000 Juden lebten nach dem Ende des Zweiten Weltkriegs in der Stadt: 1400 hatten sich verstecken können, 4700 überlebten in der Ehe mit einem nichtjüdischen Partner. Etwa 1900 Juden kehrten aus den Konzentrationslagern zurück. Der größte Teil der 160 000 jüdischen Einwohner, die Berlin im Jahr 1933 zählte, war ins Ausland geflohen. Über 50 000 Berliner Juden wurden in Gettos, Konzentrations- und Vernichtungslager deportiert und die meisten von ihnen dort ermordet.

Die sehr kleine Jüdische Gemeinde musste sich auf wenige Zentren konzentrieren. Dass jedoch so viele Synagogen, deren Wiederaufbau möglich gewesen wäre, in den 1950er-Jahren abgerissen wurden, ist auch darauf zurückzuführen, dass Gesellschaft und Politik in der Nachkriegszeit bewusst auf eine Auseinandersetzung mit der NS-Vergangenheit verzichteten. Daher wurde der Beseitigung der noch sichtbaren Spuren jüdischer Kultur nicht widersprochen oder der Widerspruch überhört. Erst in den 1980er-Jahren bildeten sich Initiativen, die auf die einstige Bedeutung der Orte aufmerksam machten.

Nicht weit von der Synagoge in der Lindenstraße, am Fraenkelufer 10–16 (früher Kottbusser Ufer), stand eine weitere große, orthodoxe Synagoge. Die von 1913 bis 1916 nach Plänen von

Alexander Beer erbaute dreischiffige Basilika bot Platz für 2000 Menschen. In der Pogromnacht wurde das Hauptgebäude durch ein Feuer schwer beschädigt, 1942 beschlagnahmte die Gestapo den Bau und nutzte ihn als Depot für Militärfahrzeuge und geraubtes jüdisches Eigentum. Die Ruine des Hauptgebäudes wurde 1958/59 abgerissen. Nur der Seitenflügel, die ehemalige Jugend- und Wochentagssynagoge, blieb erhalten. Hier finden regelmäßig Gottesdienste statt. Vor der Synagoge steht seit 1988 ein Gedenkstein der Bildhauerin Cornelia Lengfeld.

Auch an anderen Standorten zerstörter Synagogen finden sich Zeichen des Gedenkens. So wurde für die Synagoge der Gemeinde Adass Jisroel in Tiergarten, am südlichen Ende des Wullenwebersteges, 1986 das Mahnmal »Erinnerung« des Bildhauers Georg Seibert aufgestellt. Am Rande der Spandauer Altstadt steht seit 1989 ein Denkmal der Architekten Ruth Golan und Kay Zareh für die Synagoge am Lindenufer 12. An einer Hauswand des Neubaus, der Ende der 1980er-Jahre auf dem Grundstück errichtet wurde, ist außerdem eine Gedenktafel in Form eines stählernen Davidsterns des Bildhauers Volkmar Haase angebracht. Am ehemaligen Standort der Liberalen Synagoge in der Levetzowstraße in Moabit erinnert eine gusseiserne Bodenplatte mit 36 Reliefs an die Zerstörung der Berliner Gemeinde- und Vereinssynagogen in der Pogromnacht und das Schicksal ihrer Mitglieder.

Jüdisches Museum Berlin

Der Neubau für das Jüdische Museum Berlin wurde Ende 1998 fertig gestellt. Zehn Jahre zuvor hatte das Land Berlin den Wettbewerb »Erweiterung des Berlin Museums mit Abteilung Jüdisches Museum« ausgeschrieben. Den ersten Preis erhielt der in Polen geborene amerikanische Architekt Daniel Libeskind mit seinem Entwurf *»Between the Lines«*. Die Jury begründete ihre Entscheidung vor allem mit der ungewöhnlichen, radikalen Architektur und ihrer überzeugenden Interpretation der Durchdringung von jüdischer und Berliner Geschichte. Seit Anfang 1999 stand das Gebäude der Öffentlichkeit zur Besichtigung offen. Noch ohne ein einziges Ausstellungsstück erregte das Museum weltweit Aufsehen und zog über 350 000 Besucher an. Im September 2001 wurde die Dauerausstellung »Zwei Jahrtausende Deutsch-Jüdische Geschichte« eröffnet.

Jüdisches
Museum Berlin
Lindenstraße 9–14
10969 Berlin
Tel. 25 99 33 00
www.jmberlin.de

Öffnungszeiten
Dienstag bis Sonntag
10 bis 20 Uhr
(letzter Einlass 19 Uhr),
Montag 10 bis 22 Uhr
(letzter Einlass 21 Uhr).
Am Jüdischen Neujahrsfest, an Jom Kippur und am 24. Dezember ist das Museum geschlossen.
Die Bildungsabteilung des Museums bietet regelmäßig Führungen zu einzelnen Themen sowie eine Überblicksführung über die Geschichte der Juden Deutschlands an.

Verkehrsverbindung
U1, U6 bis Hallesches Tor (zehn Minuten Fußweg über Lindenstraße, ausgeschildert);
Bus 143 oder 240 bis Jüdisches Museum

Der unübersehbare, lang gestreckte zickzackförmige Bau ist ganz und gar in silbergraues Zinkblech eingekleidet, zerschnitten von scheinbar willkürlichen, schmalen, teils sich kreuzenden Fensterschlitzen und Öffnungen. Selten ist ein Museumsbau mit einer vergleichbaren Symbolkraft entstanden. Sein Grundriss orientiert sich an Verbindungslinien, die Daniel Libeskind auf dem Berliner Stadtplan zwischen den Adressen berühmter jüdischer und nichtjüdischer Persönlichkeiten des kulturellen Lebens der Stadt zog, wie beispielsweise Heinrich von Kleist, E.T.A. Hoffmann, Heinrich Heine, Paul Celan, Rahel Varnhagen, Arnold Schönberg, Walter Benjamin oder Ludwig Mies van der Rohe. Libeskind sah in dem Grundriss des Gebäudes Ähnlichkeit mit einem verzerrten Davidstern. Andere erinnert er an einen Blitz, der Berlin im Innersten trifft. Der Grundriss lässt viele Deutungen zu, er ist das beziehungsreiche Fundament für eine ebenso beziehungsreiche Architektur, eine »Architektur der Integration und Desintegration« (Libeskind), der Gegenwart und der Vergangenheit, der Kontinuität und des Bruchs. So nimmt bereits der Bau die wesentlichen Züge der deutsch-jüdischen Geschichte vorweg.

Das Gebäude befindet sich in der Lindenstraße in Friedrichshain-Kreuzberg, dicht neben dem ehemaligen Kollegienhaus von 1735, das bis 1913 das preußische Kammergericht beherbergte. Nachdem das barocke Haus im Zweiten Weltkrieg bis auf seine Außenmauern zerstört worden war, vergingen knapp zwanzig Jahre, bis es wieder aufgebaut wurde. Seitdem war es der Sitz des Berlin Museums. Der Neubau für das Jüdische Museum entstand ursprünglich als Erweiterung dieses Museums zur Geschichte Berlins, die untrennbar mit der Geschichte der Juden verknüpft ist. Mit der Entscheidung für W. Michael Blumenthal als Direktor des Jüdischen Museums 1997 entwickelte sich das Vorhaben zu einem eigenständigen Museumsprojekt. Von außen betrachtet stehen Altbau und Neubau als zwei getrennte Gebäude nebeneinander. Unterirdisch aber sind sie miteinander verbunden. Der Neubau hat keinen eigenen Besuchereingang, man erreicht ihn nur durch den Haupteingang des Altbaus. Von dort führt eine Treppe in einen unterirdischen Gang hinunter, die »Achse der Kontinuität«, die an der großen, steilen Haupttreppe des Museums endet. Über diesen Aufgang gelangt man zu den Räumen der Ausstellung »Zwei Jahrtausende Deutsch-Jüdische Geschichte«.

Zunächst aber kreuzen die »Achse der Kontinuität« im Untergeschoss zwei weitere Achsen: Die »Achse der Vernichtung« endet an einer schweren Stahltür. Hier gelangt man in das Innere eines hohen Betonturmes, den »Holocaust-Turm«, Gedenkort für die Millionen jüdischen Opfer des Massenmordes. In den leeren, unbeheizten Raum dringen nur durch einen Fensterschlitz weit oben spärliches Licht und der entfernte Großstadtlärm. Die Architektur lässt den Eindruck von Isolation, Verzweiflung, Angst und Ausweglosigkeit entstehen.

Die »Achse des Exils« führt aus dem Museumsbau hinaus in den »Garten des Exils«. Auf einem quadratischen schräg liegenden Gelände ragen 49 leicht geneigte Betonstelen in die Höhe. Aus den Stelen wachsen Ölweiden – in der jüdischen Tradition ein Symbol für Frieden und Hoffnung. Das Areal wirkt auf den ersten Blick perfekt angeordnet. Sobald man sich aber zwischen den Stelen befindet, hat man das Gefühl, die Orientierung und den Halt zu verlieren. Die Umgebung ringsherum, die Häuser und Grünanlagen scheinen zu kippen. Dieser »Garten« steht für eine Welt, die aus den Fugen geraten ist, für die Entwurzelung der Emigranten, für den Verlust von Heimat und Geborgenheit.

In die Wände der »Holocaust-« und der »Exilachse« sind Vitrinen eingebaut. Stellvertretend für die Menschen, die ermordet oder vertrieben wurden, erinnern die hier ausgestellten, sehr persönlichen Dinge wie Briefe, Fotos, Dokumente, Bücher und andere Objekte an einzelne Schicksale.

Der Neubau wird der Länge nach von einer weiteren Achse durchzogen, auf der fünf Hohlräume liegen, Schächte aus nacktem Beton, die sich vom Untergeschoss bis zum Dach erstrecken. Diese Leerstellen, *voids* genannt, sind zwar von den verschiedenen Stockwerken aus einsehbar, bis auf einen aber nicht zugänglich. Sie symbolisieren die Leere, die die Vernichtung der europäischen Juden in der Gesellschaft hinterlassen hat, erinnern an die Menschen, die deportiert wurden, die aus Deutschland flüchten mussten, und an Menschen, die aufgrund des Holocaust nie geboren wurden. Diese »Achse der Leere« zeigt, »dass das, was da an den Wänden hängt, niemals das gesamte Museumsgut sein kann. Denn im eigentlichen Zentrum der Präsentation steht all das, was aus dem Boden dieser Stadt herausgerissen wurde« (Libeskind).

In dem großen begehbaren *void,* der »Leerstelle des Gedenkens«, befindet sich die Skulptur *»Shalechet«* (Gefallenes Laub) des israelischen Künstlers Menashe Kadisman. Über 10 000 von Hand gefertigte runde Eisenscheiben unterschiedlicher Größe und Stärke bedecken den Boden. Es sind über 10 000 schreiende Gesichter, die in den Raum und dem Besucher entgegen starren und an den Massenmord in den Vernichtungslagern erinnern. Jeder ist aufgefordert, diese Skulptur zu betreten und damit die passive Rolle des Betrachters abzulegen.

Die Haupttreppe des Museums führt zu den Räumen der Dauerausstellung »Zwei Jahrtausende Deutsch-Jüdische Geschichte« im ersten und zweiten Stockwerk. »Es ist dies eine Geschichte, die von einigen Höhepunkten, auch sogar glorreichen, aber ebenso auch vielen Tiefpunkten und Enttäuschungen gekennzeichnet ist [...] Die großen Errungenschaften und Beiträge deutsch-jüdischer Mitbürger auf allen Gebieten deutscher Geschichte und ihr Einfluss auf deutsche sowohl als auch auf europäische Kultur. Aber auch das oft schwere Schicksal dieser Juden, als eine immer ungerecht diskriminierte Minderheit, und im Holocaust als ausgestoßene oder ermordete Opfer des verblendeten Hasses. Und dann auch wieder – fast wie ein Wunder – der Beginn neuen jüdischen Lebens in einem wiedervereinten westlich-demokratischen Deutschland. Es ist unsere Mission, das Gute und das Böse in diesem Museum darzustellen«, so formulierte es W. Michael Blumenthal in seiner Rede anlässlich der Verleihung des Großen Bundesverdienstkreuzes im Sommer 1999.

Die Ausstellung wirft Fragen auf wie diese: Wie entstand die deutsch-jüdische Symbiose? Was beinhaltete sie? Warum scheiterte sie? Welche Anknüpfungspunkte gab und gibt es nach dem »Dritten Reich« an die Zeit vor 1933, ohne dass dabei die nationalsozialistischen Verbrechen verdrängt werden. In vierzehn Abschnitten wird der Besucher durch die deutsch-jüdische Geschichte geführt, von den frühesten Anfängen bis in die Gegenwart.

Quellennachweis und Literatur

Topographie des Terrors

Literatur

Topographie des Terrors. Gestapo, SS und Reichssicherheitshauptamt auf dem »Prinz-Albrecht-Gelände«. Eine Dokumentation, herausgegeben von Reinhard Rürup, 13. Aufl., Berlin 2001

Johannes Tuchel, Reinold Schattenfroh: Zentrale des Terrors. Prinz-Albrecht-Straße 8. Das Hauptquartier der Gestapo, Berlin 1987

Hans Buchheim, Martin Broszat, Hans-Adolf Jacobsen, Helmut Krausnick: Anatomie des SS-Staates, 6. Aufl., München 1994

Stefanie Endlich: Denkort Gestapo-Gelände, herausgegeben vom Aktiven Museum Faschismus und Widerstand in Berlin e.V., Schriftenreihe Aktives Museum Band 2, Berlin 1990

Geschichtsmeile Wilhelmstraße, herausgegeben von Helmut Engel und Wolfgang Ribbe, Berlin 1997

Bibliothek – Denkmal zur Erinnerung an die Bücherverbrennung

Quellennachweis

S. 34 Erich Kästner zitiert nach: Klaus Kordon: Die Zeit ist kaputt. Die Lebensgeschichte des Erich Kästner, Weinheim und Basel 1998, S. 153f.

S. 34 Thomas Mann: Tagebuchnotiz vom 22.12.1933; in: ders.: Tagebücher 1933–1934, herausgegeben von Peter de Mendelssohn, Frankfurt a. M. 1977 (1997), S.273

S. 35 Micha Ullman zitiert nach: Volker Müller: Das Denkmal aus der Erde und Stille. Micha Ullman möchte seine »Bibliothek« auf dem Bebelplatz gegen eine Großgarage verteidigen, »Berliner Zeitung« vom 10. Mai 2001

Weitere Literatur

Micha Ullman: Bibliothek, herausgegeben von Friedrich Meschede, Amsterdam/Dresden 1999

»Das war ein Vorspiel nur«. Bücherverbrennung Deutschland 1933, Katalog zur Ausstellung in der Akademie der Künste, Berlin 1983

Jürgen Serke: Die verbrannten Dichter. Lebensgeschichten und Dokumente. Mit Fotos von Wilfried Bauer, Weinheim 2002

Die Bernhard Lichtenberg Kapelle in der St.-Hedwigs-Kathedrale

Quellennachweis

S. 38 Bernhard Lichtenberg zitiert nach: H. G. Mann: Prozess Bernhard Lichtenberg. Ein Leben in Dokumenten, Berlin 1977, S. 51

S. 38 Auszug aus dem Protokoll zitiert nach H. G. Mann, ebd., S. 45

S. 39 »Der Angriff« Nr. 126, Berlin, 26. Juni 1931

S. 39 Bernhard Lichtenberg zitiert nach: Alfons Erb: Bernhard Lichtenberg. Dompropst von St. Hedwig zu Berlin, 5. Aufl., Berlin 1968, S. 76

S. 40 Dieter Hanky: Bernhard Lichtenberg. Priester – Bekenner – Martyrer. » ... ein Priester ohne Furcht und Tadel ...«, Berlin 1994, S. 28

Weitere Literatur

Gotthard Klein: Seliger Bernhard Lichtenberg, Regensburg 1997

Erich Kock: Er widerstand: Bernhard Lichtenberg, Dompropst bei St. Hedwig, Berlin, Berlin 1996

Neue Wache

Quellennachweis

S. 44 Paul Westheim zitiert nach: Jürgen Tietz: Schinkels Neue Wache Unter den Linden. Baugeschichte 1816–1993; in: Die Neue Wache Unter den Linden. Ein deutsches Denkmal im Wandel der Geschichte, herausgegeben von Christoph Stölzl, Berlin 1993, S. 61

S. 44 Ernst Kállai: Bemerkungen. Ehrenmal – Grauenmal, »Die Weltbühne«, XXVI Jahrgang, Nr. 34 vom 19. August 1930

S. 45 Käthe Kollwitz am 22.10.1937; in: Dies.: Die Tagebücher, herausgegeben von Jutta Bohnke-Kollwitz, Berlin 1989, S. 690

Weitere Literatur

Im Irrgarten deutscher Geschichte. Die neue Wache 1818–1993, herausgegeben von Daniela Büchten und Anja Frey, Berlin 1993

Streit um die Neue Wache. Zur Gestaltung einer zentralen Gedenkstätte, herausgegeben von der Akademie der Künste, Berlin 1993

Laurenz Demps: Die Neue Wache. Entstehung und Geschichte eines Bauwerkes, Berlin 1988

Denkzeichen Modezentrum Hausvogteiplatz

Quellennachweis

S. 49 Moritz Loeb zitiert nach: Uwe Westphal: Berliner Konfektion und Mode. Die Zerstörung einer Tradition 1836–1939, 2.Aufl., Berlin 1992, S. 30ff.

S. 50 Antisemitische Propaganda zitiert nach: Uwe Westphal, ebd., S. 25, S. 86, S. 96

Die Widerstandsgruppe um Herbert Baum

Weitere Literatur

Juden im Widerstand. Drei Gruppen zwischen Überlebenskampf und politischer Aktion. Berlin 1939–1945, herausgegeben von Wilfried Löhken und Werner Vathke, Berlin 1993

Konrad Kwiet, Helmut Eschwege: Die Herbert-Baum-Gruppe; in: Arno Lustiger: Zum Kampf auf Leben und Tod! Vom Widerstand der Juden 1933–1945, München 1997, S.56–66

Wolfgang Scheffler: Der Brandanschlag im Berliner Lustgarten im Mai 1942 und seine Folgen. Eine quellenkritische Betrachtung; in: Berlin in Geschichte und Gegenwart. Jahrbuch des Landesarchivs Berlin, Berlin 1984, S.91–118

Der Protest der Frauen in der Rosenstraße

Quellennachweis

S. 59 »Gebt uns unsere Männer wieder!« So die Inschrift auf Ingeborg Hunzingers Denkmal »Block der Frauen« in der Rosenstraße

S. 59 Charlotte Israel zitiert nach: Die Grunewald-Rampe. Die Deportation der Berliner Juden, herausgegeben von der Landesbildstelle Berlin, 2. Aufl., Berlin 1993, S. 147

S. 59 Die Tagebücher von Joseph Goebbels, herausgegeben von Elke Fröhlich. Teil II, Diktate 1941–1945. Band 7, Januar–März 1943, München 1993, S. 449

S. 60 Siegfried Cohn zitiert nach: Konrad Kwiet: Nach dem Pogrom: Stufen der Ausgrenzung, in: Die Juden in Deutschland 1933–1945. Leben unter nationalsozialistischer Herrschaft, herausgegeben von Wolfgang Benz, 4. Aufl., München 1996, S. 593f.

S. 60 Joseph Goebbels: Tagebücher. Band 5: 1943–1945, herausgegeben von Ralf Georg Reuth, 2. Aufl., München 1992, S. 1911

Weitere Literatur

Wolf Gruner: Die Fabrik-Aktion und die Ereignisse in der Berliner Rosenstraße, in: Jahrbuch für Antisemitismusforschung 11, herausgegeben von Wolfgang Benz, Berlin 2002, S. 137–177

Gernot Jochheim: Frauenprotest in der Rosenstraße – Berlin 1943. Berichte, Dokumente, Hintergründe, Berlin 2002

Nina Schröder: Hitlers unbeugsame Gegnerinnen. Der Frauenaufstand in der Rosenstraße, München 1998

Nathan Stoltzfus: Widerstand des Herzens. Der Aufstand der Berliner Frauen in der Rosenstraße – 1943, mit einem Vorwort von Joschka Fischer, München 2002

Museum Blindenwerkstatt Otto Weidt

Quellennachweis

S. 64 Inge Deutschkron: Ich trug den gelben Stern, 18. Aufl., München 2001, S. 70

Weitere Literatur

Blindes Vertrauen. Versteckt am Hackeschen Markt 1941–1943. Broschüre zur Ausstellung im der ehemaligen Blindenwerkstatt Otto Weidt, Berlin 1999

Inge Deutschkron: Sie blieben im Schatten. Ein Denkmal für »stille Helden«, Berlin 1996

Inge Deutschkron, Lukas Ruegenberg: Papa Weidt. Mit einem Vorwort von Hanna-Renate Laurin, Kevelaer 1999 (Kinderbuch)

Sammellager Große Hamburger Straße

Quellennachweis

S. 69 Martin Riesenburger: Das Licht verlöschte nicht. Ein Zeugnis aus der Nacht des Faschismus. Predigten, 2. Aufl., Berlin 1984, S.12f.

S. 69 Konrad Latte nach: Peter Schneider: »Und wenn wir nur eine Stunde gewinnen ...« Wie ein jüdischer Musiker die Nazi-Jahre überlebte, Berlin 2001, S. 113

Weitere Literatur

Horst Helas: Juden in Berlin-Mitte. Biografien, Orte, Begegnungen, herausgegeben vom Verein zur Vorbereitung einer Stiftung Scheunenviertel Berlin e. V., 2. Aufl., Berlin 2001

Heinz Knobloch: Herr Moses in Berlin. Auf den Spuren eines Menschenfreundes, 4. Aufl., Frankfurt a. M. 2001

Und Gad ging zu David. Die Erinnerungen des Gad Beck 1923 bis 1945, herausgegeben von Frank Heibert, 3. Aufl., München 1999

Der verlassene Raum und *The Missing House*

Literatur

The Missing House, herausgegeben vom Berliner Künstlerprogramm des DAAD für das Heimatmuseum Berlin-Mitte, Berlin 1992

Cordula Meier: Anselm Kiefer. Christian Boltanski. On Kawara. Rebecca Horn. Zur künstlerischen Konstruktion von Erinnerung. In: Shoah – Formen der Erinnerung. Geschichte, Philosophie, Literatur, Kunst, herausgegeben von Nicolas Berg, Jess Jochimsen und Bernd Stiegler, München 1996, S.267–284

Horst Helas: Juden in Berlin-Mitte. Biografien, Orte, Begegnungen, herausgegeben vom Verein zur Vorbereitung einer Stiftung Scheunenviertel Berlin e. V., 2. Aufl., Berlin 2001

Neue Synagoge

Quellennachweis

S. 81 Heinz Knobloch: Der beherzte Reviervorsteher. Ungewöhnliche Zivilcourage am Hackeschen Markt, Frankfurt a. M. 1996, S. 7

Weitere Literatur

Hermann Simon: Die Neue Synagoge Berlin. Geschichte – Gegenwart – Zukunft, 3. Aufl., Berlin 1997

Synagogen in Berlin. Zur Geschichte einer zerstörten Architektur. Berlin Museum, 2 Bände, herausgegeben von Veronika Bendt und Rolf Bothe, Teil 1, Berlin 1983

Juden in Berlin, herausgegeben von Andreas Nachama, Julius H. Schoeps, Hermann Simon, Berlin 2001

Denkmal für die ermordeten Juden Europas

Quellennachweis

S. 86 Eberhard Jäckel zitiert nach: Lea Rosh: »Die Juden, das sind doch die anderen.« Der Streit um ein deutsches Denkmal. Mit Beiträgen von Eberhard Jäckel, Tilman Fichter, Jakob Schulze-Rohr, Wolfgang Ullmann und einem Geleitwort von Michel Friedmann, Berlin, Wien 1999, S. 18

S. 86 Margherita von Brentano und Eberhard Jäckel zitiert nach Lea Rosh, ebd., S. 18f.

S. 88 Peter Eisenman im Gespräch mit Verena Lueken: Dem eigenen Unbewussten ins Gesicht schauen. Ein Mahnmal, das auf einen Bruch in der deutschen Geschichte deutet, »Frankfurter Allgemeine Zeitung« vom 22. September 1998

Weitere Literatur

Der Denkmalstreit – das Denkmal? Die Debatte um das »Denkmal für die ermordeten Juden Europas«. Eine Dokumentation, herausgegeben von Ute Heimrod, Günter Schlusche und Horst Seferens, Berlin 1999

Das Holocaust-Mahnmal. Dokumentation einer Debatte. Herausgegeben von Michael S. Cullen, Zürich 1999

Eine Streitschrift. Der Wettbewerb für das »Denkmal für die ermordeten Juden Europas«, herausgegeben von der Neuen Gesellschaft für bildende Kunst, Berlin 1995

Denkmal für die ermordeten Sinti und Roma

Quellennachweis

S. 93 Heinrich Himmler zitiert nach: Wolfgang Benz: Geschichte des Dritten Reiches, München 2000, S. 228

S. 93 Heinrich Himmler zitiert nach: Michael Zimmermann: Rassenutopie und Genozid. Die nationalsozialistische »Lösung der Zigeunerfrage«, Hamburg 1996, S. 301

S. 94 NS-Regime zum »Fest der Völker« zitiert nach: Ute Brucker-Boroujerdi/Wolfgang Wippermann: Das »Zigeunerlager« Berlin-Marzahn 1936–1945. Zur Geschichte und Funktion eines nationalsozialistischen Zwangslagers, »Pogrom« 130, 6/1987, S. 78

Weitere Literatur

Guenter Lewy: »Rückkehr nicht erwünscht«. Die Verfolgung der Zigeuner im Dritten Reich, München, Berlin 2001

Der nationalsozialistische Völkermord an den Sinti und Roma, Dokumentations- und Kulturzentrum Deutscher Sinti und Roma, herausgegeben von Romani Rose, Heidelberg 1995

Wolfgang Benz: Das Lager Marzahn. Zur nationalsozialistischen Verfolgung der Sinti und Roma und ihrer anhaltenden Diskriminierung, in: Die Normalität des Verbrechens. Bilanz und Perspektiven der Forschung zu den nationalsozialistischen Gewaltverbrechen, Festschrift für Wolfgang Scheffler zum 65. Geburtstag, herausgegeben von Helge Grabitz, Klaus Bästlein, Johannes Tuchel unter Mitarbeit von Peter Klein und Martina Voigt, Berlin 1994, S. 260–279

Otto Rosenberg: Das Brennglas. Aufgezeichnet von Ulrich Enzensberger mit einem Vorwort von Klaus Schütz, München 2002

Mahnmal für die ermordeten Reichstagsabgeordneten

Quellennachweis

S. 99 Josef Felder: Warum ich Nein sagte. Erinnerungen an ein langes Leben für die Politik, herausgegeben von Nele Haasen unter Mitwirkung von Hannelore und Kurt Felder. Vorwort von Hans-Jochen Vogel, 2. Aufl., Zürich 2000, S. 121

S. 99 Ders., ebd., S. 124

S. 99 Louise Schroeder zitiert nach: Josef Felder, ebd., S. 120

S. 99 Otto Wels: Rede zur Begründung der Ablehnung des »Ermächtigungsgesetzes« durch die sozialdemokratische Fraktion in der Reichstagssitzung vom 23. März 1933 in der Berliner Krolloper. Mit einem Essay von Iring Fetscher, Hamburg 1993, S. 9

Weitere Literatur

Stephan Speicher: Ort der deutschen Geschichte. Der Reichstag in Berlin, Berlin 1995

Michael S. Cullen: Der Reichstag. Parlament, Denkmal, Symbol, Berlin 1999

»Aktion T4« – Die »Euthanasie«-Zentrale

Quellennachweis

S. 105 Die Euthanasie-Ermächtigung Hitlers; in: Dokumentezur »Euthanasie«, herausgegeben von Ernst Klee, Frankfurt a. M. 1985, S.85

S. 107 Predigt des Bischofs Clemens August von Galen in der Lamberti-Kirche zu Münster am 3. August 1941; in: Gedenkstätte Deutscher Widerstand. Begleitmaterialien zur Ausstellung »Widerstand gegen den Nationalsozialismus«, herausgegeben von der Gedenkstätte Deutscher Widerstand

Weitere Literatur

Aktion T4. 1939–1945. Die »Euthanasie«-Zentrale in der Tiergartenstraße 4, herausgegeben von Götz Aly, 2. Aufl., Berlin 1989

Gisela Bock: Zwangssterilisation im Nationalsozialismus. Studien zur Rassenpolitik und Frauenpolitik, Opladen 1986

Ernst Klee: Deutsche Medizin im Dritten Reich. Karrieren vor und nach 1945, Frankfurt a. M. 2001

Gedenkstätte Deutscher Widerstand

Quellennachweis

S. 110 Adolf Hitler zitiert nach: Gedenkstätte Deutscher Widerstand. Begleitmaterialien zur Ausstellung »Widerstand gegen den Nationalsozialismus«, herausgegeben von der Gedenkstätte Deutscher Widerstand, 9.1/9.2.

S. 113 Peter Steinbach: Der Widerstand gegen den Nationalsozialismus und der 20. Juli 1944; in: Der 20. Juli 1944. Reden zu einem Tag der deutschen Geschichte. Band 1, herausgegeben von Gedenkstätte Deutscher Widerstand, Berlin 1984, S. 9

Weitere Literatur

Widerstand gegen den Nationalsozialismus, herausgegeben von Peter Steinbach und Johannes Tuchel, Bonn 1994

Lexikon des Widerstandes 1933–1945, herausgegeben von Peter Steinbach und Johannes Tuchel, 2. Aufl., München 1998

Peter Hoffmann: Widerstand, Staatsstreich, Attentat. Der Kampf der Opposition gegen Hitler, 4. Aufl., München 1985

Joachim Fest: Staatsstreich. Der lange Weg zum 20. Juli, München 1997

Die homosexuellen Opfer des Nationalsozialismus

Quellennachweis

S. 116 W. H. Auden zitiert nach: David Clay Large: Berlin. Biographie einer Stadt, München 2002, S. 217

Weitere Literatur

Andreas Pretzel, Gabriele Roßbach: Wegen der zu erwartenden hohen Strafe ... Homosexuellenverfolgung in Berlin 1933–1945, herausgegeben vom Kulturring in Berlin e.V., Berlin 2000

Homosexualität in der NS-Zeit. Dokumente einer Diskriminierung und Verfolgung, herausgegeben von Günter Grau, Frankfurt a. M. 1993

Goodbye to Berlin? 100 Jahre Schwulenbewegung. Eine Ausstellung des Schwulen Museums und der Akademie der Künste, Berlin 1997

Das »Judenreferat« IV B 4

Quellennachweis

S. 125 Hannah Arendt: Eichmann in Jerusalem. Ein Bericht von der Banalität des Bösen, München 1986, S. 56f.

S. 125 Adolf Eichmann zitiert nach Hannah Arendt, ebd., S. 94

S. 126 Peter Krause: Der Eichmann-Prozeß in der deutschen Presse, Frankfurt a. M. 2002, S. 95

Weitere Literatur

Harry Mulisch: Strafsache 40/61. Eine Reportage über den Eichmann-Prozess, 3. Aufl., Berlin 2002

Jochen von Lang: Das Eichmann-Protokoll. Tonbandaufzeichnungen der israelischen Verhöre, München 2001

Irmtrud Wojak: Eichmanns Memoiren. Ein kritischer Essay, Frankfurt a. M. 2001

Kammergericht Berlin – Die Verschwörer des 20. Juli 1944 vor dem Volksgerichtshof

Quellennachweis

S. 129 Adolf Hitler zitiert nach: Joachim Fest: Staatsstreich. Der lange Weg zum 20. Juli, Berlin 1994, S. 278

S. 129 Adolf Hitler zitiert nach: Dieter Ehlers: Technik und Moral einer Verschwörung. Der Aufstand am 20. Juli 1944, Bonn 1964, S. 113

S. 129 Adolf Hitler nach: Ian Kershaw: Hitler 1936–1945, München 2002, S. 901

S. 130 Roland Freisler: Stenogramm der ersten Volksgerichtshofverhandlung vom 7./8. August 1944; in: Die Angeklagten des 20. Juli vor dem Volksgerichtshof, herausgegeben von Bengt von zur Mühlen unter Mitarbeit von Andreas von Klewitz, Berlin-Kleinmachnow 2001, Anlage S. 36

S. 130 Ders.: »Verräter vor dem Volksgerichtshof«. Abschriften von auf Film festgehaltenen Verhandlungen vor dem Volksgerichtshof August bis Oktober 1944; in: Ebd., S. 204, S. 302, S. 312 und in: Helmut Ortner: Der Hinrichter. Roland Freisler – Mörder im Dienste Hitlers, Wien 1993, S. 249

S. 130 Roland Freisler: Stenogramm: a. a. O., Anlage S. 36

Weitere Literatur

Günter Wieland: Das war der Volksgerichtshof. Ermittlungen – Fakten – Dokumente, Pfaffenweiler 1989

Orte des Erinnerns im Bayerischen Viertel

Quellennachweis

S. 136 Renata Stih zitiert nach: Barbara Straka: Normalität des Schreckens. Eine Denk-Installation für das Bayerische Viertel in Berlin; in: Renata Stih und Frieder Schnock: Orte des Erinnerns – *Places of Remembrance*. Ausgrenzung und Entrechtung, Vertreibung, Deportation und Ermordung von Berliner Juden in den Jahren 1933 bis 1945, Berlin 2002, S. 15

S. 137 Schülerin zitiert nach: Orte des Erinnerns. Band 1: Das Denkmal im Bayerischen Viertel, herausgegeben vom Kunstamt Schöneberg, Schöneberg Museum in Zusammenarbeit mit der Gedenkstätte Haus der Wannsee-Konferenz, Berlin 1994, S. 141

Weitere Literatur
Orte des Erinnerns. Band 2: Jüdisches Alltagsleben im Bayerischen Viertel, herausgegeben vom Kunstamt Schöneberg in Zusammenarbeit mit der Gedenkstätte Haus der Wannsee-Konferenz, Berlin 1994/95

Synagoge Fasanenstraße

Quellennachweis
S. 142 »... um der Menschheit zu ersparen, was uns nicht erspart geblieben ist...«. Burkhard Asmus und Andreas Nachama im Gespräch mit Heinz Galinski anlässlich seines 70. Geburtstages (1982); in: Aufbau nach dem Untergang. Deutsch-jüdische Geschichte nach 1945. In memoriam Heinz Galinski, herausgegeben von Andreas Nachama und Julius H. Schoeps, Berlin 1992, S. 57
S. 142 Aus den Deutschland-Berichten der Sozialdemokratischen Partei Deutschlands; in: Peter Freimark und Wolfgang Kopitzsch: Der 9./10. November 1938 in Deutschland. Dokumentation zur »Kristallnacht«, Hamburg 1988, S. 81
S. 142f. Peter Gay: Meine deutsche Frage. Jugend in Berlin 1933–1939, 3. Aufl., München 2000, S. 151ff.

Weitere Literatur
Hans Gerd Sellenthin: Geschichte der Juden in Berlin und des Gebäudes in der Fasanenstraße 79/80. Festschrift anlässlich der Einweihung des jüdischen Gemeindehauses, herausgegeben vom Vorstand der Jüdischen Gemeinde zu Berlin, 1959
Synagogen in Berlin. Zur Geschichte einer zerstörten Architektur. Berlin Museum, 2 Bände, herausgegeben von Veronika Bendt und Rolf Bothe, Teil 1, Berlin 1983

Reichskriegsgericht und Denkzeichen zur Erinnerung an die Ermordeten der NS-Militärjustiz am Murellenberg

Quellennachweis
S. 149 Anklage gegen Mitglieder der »Roten Kapelle« im Verfahren vor dem 2. Senat des Reichskriegsgerichts zitiert nach: Heinrich-Wilhelm Wörmann: Widerstand in Charlottenburg, herausgegeben von der Gedenkstätte Deutscher Widerstand, Berlin 1991, S. 233
S. 150 Patricia Pisani zitiert nach: Wanderung mit Bezirksstadträtin Martina Schmiedhofer, vom 11. Mai 2002, Manuskript

Weitere Literatur
Norbert Haase: Das Reichskriegsgericht und der Widerstand gegen die nationalsozialistische Herrschaft, herausgegeben von der Gedenkstätte Deutscher Widerstand, Berlin 1993

Manfred Messerschmidt, Fritz Wüllner: Die Wehrmachtjustiz im Dienste des Nationalsozialismus. Zerstörung einer Legende, Baden-Baden 1987
Ingo Müller: Furchtbare Juristen. Die unbewältigte Vergangenheit unserer Justiz, 6. Aufl., München 1994

Von der Synagoge in der Levetzowstraße zum Güterbahnhof Putlitzstraße

Quellennachweis

S. 154f. Hildegard Henschel zitiert nach: Wolfgang Wippermann: Steinerne Zeugen. Stätten der Judenverfolgung in Berlin. Mit Beiträgen von Heinz Galinski und Richard von Weizsäcker. Fotografien von Hans Norbert Burkert, herausgegeben vom Pädagogischen Zentrum Berlin, Berlin 1982, S.60

Weitere Literatur

Wolf Gruner: Judenverfolgung in Berlin 1933–1945. Eine Chronologie der Behördenmaßnahmen in der Reichshauptstadt, Berlin 1996

Gedenkstätte Plötzensee

Quellennachweis

S. 160f. Harald Poelchau: Erinnerungen eines Gefängnispfarrers, aufgezeichnet von Graf Alexander Stenbock-Fermor, 3. Aufl., Berlin 1987, S. 40f. und S. 50
S. 163f. Joachim Fest: Staatsstreich. Der lange Weg zum 20. Juli, Berlin 1994, S. 303f.

Weitere Literatur

Brigitte Oleschinski: Gedenkstätte Plötzensee, herausgegeben von der Gedenkstätte Deutscher Widerstand Berlin, 2. Aufl. 1995
Victor von Gostomski, Walter Loch: Der Tod von Plötzensee. Erinnerungen – Ereignisse – Dokumente 1942–1944, Frankfurt a. M. 1993

Wittenauer Heilstätten

Literatur

Totgeschwiegen 1933–1945. Zur Geschichte der Wittenauer Heilstätten – seit 1957 Karl-Bonhoeffer-Nervenklinik, herausgegeben von der Arbeitsgruppe zur Erforschung der Geschichte der Karl-Bonhoeffer-Nervenklinik, wissenschaftliche Beratung: Götz Aly, 2., Aufl., Berlin 1989
Die Patienten der Wittenauer Heilstätten in Berlin. 1919–1960, herausgegeben von Thomas Beddies und Andrea Dörries, Husum 1999
Aktion T4. 1939–1945. Die »Euthanasie«-Zentrale in der Tiergartenstraße 4, herausgegeben von Götz Aly, 2. Aufl., Berlin 1989

Erinnerungs- und Begegnungsstätte Bonhoeffer-Haus

Quellennachweis

S. 174 Dietrich Bonhoeffer Werke. Band 12: Berlin 1932–1933, herausgegeben von Carsten Nicolaisen und Ernst-Albert Scharffenorth, Gütersloh 1997, S. 353

S. 175 Dietrich Bonhoeffer zitiert nach: Christian Gremmels und Heinrich W. Grosse: Dietrich Bonhoeffer. Der Weg in den Widerstand. Mit Beiträgen von Renate Bethge, Eberhard Bethge, Gaetano Latmiral und Albrecht Schönherr, Gütersloh 1996, S. 31

S. 176 Dietrich Bonhoeffer zitiert nach: Eberhard Bethge: Dietrich Bonhoeffer, 19. Aufl., Reinbek bei Hamburg 2001, S. 8

Weitere Literatur

Dietrich Bonhoeffer, Pfarrer, Berlin-Charlottenburg 9, Marienburger Allee 43. Begleitheft zur Ausstellung, herausgegeben vom Kuratorium Bonhoeffer-Haus, 2. Aufl., Berlin 1996

Dietrich Bonhoeffer: Widerstand und Ergebung. Briefe und Aufzeichnungen aus der Haft, herausgegeben von Eberhard Bethge, 17. Aufl., Gütersloh 2002

Brautbriefe Zelle 92. Dietrich Bonhoeffer – Maria von Wedemeyer 1943–1945, herausgegeben von Ruth-Alice von Bismarck und Ulrich Kabitz, München 1999

Bahnhof Grunewald, Gleis 17

Quellennachweis

S. 181 Nicolaus Sombart: Jugend in Berlin 1933–1943. Ein Bericht, Frankfurt a. M. 1993, S. 17f.

Weitere Literatur

Die Grunewald-Rampe. Die Deportation der Berliner Juden, herausgegeben von der Landesbildstelle Berlin, 2. Aufl., Berlin 1993

Lion Feuchtwanger: Die Geschwister Oppermann, 9. Aufl., Berlin 2000

Judith Kerr: Als Hitler das rosa Kaninchen stahl. 11. Aufl., Ravensburg 2002

Haus der Wannsee-Konferenz

Quellennachweis

S. 185f. Protokoll der Wannsee-Konferenz; in: Katalog zur Dauerausstellung, herausgegeben von der Gedenk- und Bildungsstätte Haus der Wannsee-Konferenz, 3. Aufl., Berlin 2001, S. 88ff., S. 95, S. 98f., S. 100f.

S. 186 Adolf Hitler zitiert nach: Eberhard Jäckel: Hitlers Weltanschauung. Entwurf einer Herrschaft, 4. Aufl., Stuttgart 1991, S. 72

Weitere Literatur

Peter Longerich: Die Wannsee-Konferenz vom 20. Januar 1942 – Planung und Beginn des Genozids an den europäischen Juden, Berlin 1998

Mark Roseman: Die Wannsee-Konferenz. Wie die NS-Bürokratie den Holocaust organisierte, München, Berlin 2002

Johannes Tuchel: Am Großen Wannsee 56–58. Von der Villa Minoux zum Haus der Wannsee-Konferenz, Berlin 1992

Evangelische Kirchengemeinde Dahlem

Quellennachweis

S. 191 Die Barmer Erklärung; in: Widerstand in Deutschland 1933–1945. Ein historisches Lesebuch, herausgegeben von Peter Steinbach und Johannes Tuchel, München 1994, S. 99

S. 192 Martin Niemöller zitiert nach: Matthias Schreiber: Martin Niemöller, Reinbek bei Hamburg 1997, S. 78f.

S. 192 Martin Niemöller: Dreißig Jahre Bundesrepublik. Erlebnisse und Gedanken; in: Blätter für deutsche und internationale Politik, Januar 1979, S. 16

S. 193 Helmut Gollwitzer zitiert nach Martin Kruse: Geleitwort; in: Helmut Gollwitzer: Es geht nichts verloren. 1908 bis 1993, herausgegeben im Auftrag der Aktion Sühnezeichen/Friedensdienste und der Kirchengemeinde Berlin-Dahlem von Wolfgang Brinkel, Berlin 1994, S.7 und ders. zitiert nach: Jan Niemöller: Beispiele der Weggenossenschaft; in: Begegnungen mit Helmut Gollwitzer, herausgegeben von Ulrich Kabitz und Friedrich-Wilhelm Marquardt, München 1984, S. 107

Weitere Literatur

Helmut Gollwitzer: ... und führen, wohin du nicht willst. Bericht einer Gefangenschaft, 5. Aufl., Gütersloh 1994

Spiegelwand

Quellennachweis

S. 196 Curt Wolfenstein zitiert nach: Von Juden in Steglitz. Beiträge zur Ortsgeschichte, herausgegeben von der Initiative Haus Wolfenstein, 2. Aufl., Berlin 1990, S. 24

Weitere Literatur

Horst Seferens: Ein deutscher Denkmalstreit. Die Kontroverse um die Spiegelwand in Berlin-Steglitz, Berlin 1995

Zeitsplitter. Steglitz im »Dritten Reich«, herausgegeben vom Kunstamt Steglitz, Berlin 1992

Konzentrationslager Columbia-Haus

Quellennachweis

S. 201 Vgl. Willy Brandt: Vorwort; in: Stefan Szende: Zwischen Gewalt und Toleranz, Frankfurt a. M., Köln 1975, S. 12

S. 201f. Stefan Szende, ebd., S. 28

S. 203 Lion Feuchtwanger: Die Geschwister Oppermann, 9. Aufl., Berlin 2000, S. 235

Weitere Literatur

Kurt Schilde, Johannes Tuchel: Columbia-Haus. Berliner Konzentrationslager 1933–1936, herausgegeben vom Bezirksamt Tempelhof, Berlin 1990

Kurt Schilde: Vom Columbia-Haus zum Schulenburgring. Dokumentation mit Lebensgeschichten von Opfern des Widerstandes und der Verfolgung von 1933 bis 1945 aus dem Bezirk Tempelhof, Berlin 1987

Stolpersteine

Quellennachweis

S. 206 Gunter Demnig zitiert nach: Stolpersteine für die von den Nazis ermordeten ehemaligen Nachbarn aus Friedrichshain und Kreuzberg. Dokumentation, Texte, Materialien, herausgegeben von der Neuen Gesellschaft für Bildende Kunst e.V., Berlin 2002, S. 14

Weitere Literatur

Juden in Kreuzberg. Fundstücke, Fragmente, Erinnerungen, herausgegeben von der Berliner Geschichtswerkstatt e.V., Berlin 1991

Denkmal für die Synagoge in der Lindenstraße

Quellennachweis

S. 210 Zvi Hecker, Micha Ullman, Eyal Weizmann: Erläuterungen der Künstler zu »*Page*« auf der Gedenktafel

Weitere Literatur

Synagogen in Berlin. Zur Geschichte einer zerstörten Architektur. Berlin Museum, 2 Bände, herausgegeben von Veronika Bendt und Rolf Bothe, Berlin 1983

Aufbau nach dem Untergang. Deutsch-jüdische Geschichte nach 1945. In memoriam Heinz Galinski, herausgegeben von Andreas Nachama und Julius H. Schoeps, Berlin 1992

Jüdisches Museum Berlin

Quellennachweis

S. 217 Daniel Libeskind in: Thomas Lackmann und Monika Zimmermann: »Was ist ein Jüdisches Museum, Herr Libeskind?« Interview mit dem Architekten des Jüdischen Museums, »Der Tagesspiegel« vom 19. September 1996

S. 218 W. Michael Blumenthal: »Es ist unsere Mission, das Gute und das Böse in diesem Museum darzustellen.« Rede des Direktors des Jüdischen Museums anlässlich der Verleihung des Bundesverdienstkreuzes, »Der Tagesspiegel« vom 24. Juni 1999

Weitere Literatur

Geschichten einer Ausstellung. Zweitausend Jahre deutsch-jüdische Geschichte, herausgegeben von der Stiftung Jüdisches Museum Berlin, 2001

Daniel Libeskind: Jüdisches Museum Berlin. Mit einem Fotoessay von Hélène Binet, Amsterdam, Dresden 1999

James E. Young: Nach-Bilder des Holocaust in zeitgenössischer Kunst und Architektur, Hamburg 2002

Literatur, allgemein

Ulrich Eckhardt, Andreas Nachama: Jüdische Orte in Berlin. Mit Feuilletons von Heinz Knobloch. Fotografien von Elke Nord, Berlin 1996

Stefanie Endlich: Gedenkstätten in: Berlin; in: Gedenkstätten für die Opfer des Nationalsozialismus. Eine Dokumentation II, Bundeszentrale für Politische Bildung, Bonn 1999, S. 27–228

Stefanie Endlich, Thomas Lutz: Gedenken und Lernen an Historischen Orten. Ein Wegweiser zu Gedenkstätten für die Opfer des Nationalsozialismus in Berlin, 3. Aufl., Berlin 1999

Christiane Hoss, Martin Schönfeld: Gedenktafeln in Berlin. Orte der Erinnerung an Verfolgte des Nationalsozialismus 1991–2001, herausgegeben vom Verein Aktives Museum, Berlin 2002

Holger Hübner: Das Gedächtnis der Stadt. Gedenktafeln in Berlin, Berlin 1997

Peter Reichel: Politik mit der Erinnerung. Gedächtnisorte im Streit um die nationalsozialistische Vergangenheit, Frankfurt a.M. 1999

Régine Robin: Berlin. Gedächtnis einer Stadt, Berlin 2002

Spuren des Terrors/*Traces of Terror*. Stätten nationalsozialistischer Gewaltherrschaft in Berlin/*Sites of Nazi Tyranny in Berlin*. Mit Beiträgen von Wolfgang Benz und Paul Spiegel. Deutsch/Englisch, herausgegeben von Markus Braun, Berlin 2002

James E. Young: Nach-Bilder des Holocaust in zeitgenössischer Kunst und Architektur, Hamburg 2002

Fotos:
Erik-Jan Ouwerkerk, Berlin
Lektorat:
Julia Niehaus, Berlin
Gestaltung:
Dorén + Köster, Berlin
Satz und Repro:
Mega-Satz-Service, Berlin
Druck und Bindung:
Medialis, Berlin

ISBN 3-87584-284-7

Legende zu den Karten auf den Umschlaginnenseiten